TRAITÉ

DE

COMMERCE.

TRAITÉ

DE

COMMERCE,

THÉORIQUE ET PRATIQUE;

ET

DÉTAILS INSTRUCTIFS

Sur la Vigne, les différentes espèces de Vins et Eaux - de - vie ; sur la Capacité des jauges de chaque vignoble de France ; sur l'Epicerie, les Sirops, les Liqueurs, et Eaux d'odeur.

Par F. LEBLOND.

A PARIS,

Chez GAGNARD, rue *Mazarine*, n.º 1604; et au Palais du Tribunat.

Messidor, AN IX.

TRAITÉ

DE
COMMERCE,

ET

DÉTAILS INSTRUCTIFS

Sur la Vigne ; les diférentes espéces de vin et eaux-de-vie ; sur la capacité des jauges de chaque Vignoble de France ; sur l'épicerie , les syrops et les liqueurs.

PLUSIEURS auteurs prétendent que c'est Noé qui a planté la vigne ; d'autres disent que c'est Bacchus : mais telles que soient ces assertions , peu importe à ce sujet. Il est certain que cette espèce de plante existe dans la majeure partie de la France et chez l'étranger : il est inutile de s'étendre sur cette matière.

Cependant il peut y avoir des personnes qui ignorent comment la vigne se cultive.

S'imaginer que les pepins des raisins se

A

sèment, serait une erreur, parce que la vigne se taille tous les ans à la fin de l'hiver ; on a soin de couper les branches à certaines longueurs, plus ou moins, suivant les climats. Dans un canton, on laisse trois à quatre nœuds ; dans d'autres, jusqu'à cinq ; en sorte que de ces retailles qu'on appelle, dans nombre de pays, sarment ou javelles, on en conserve les plus beaux brins que l'on met en bottes dans des fosses ; ensuite l'hiver suivant, ou immédiatement après, on fait des ouvertures à la terre, de distance à autre ; après quoi, on y couche chaque brin de sarmant ou javelle jusqu'aux trois quarts, de manière qu'il n'en sort de terre que six pouces ou environ ; l'on a soin d'y coucher du fumier, alors la plante prend racine ; et au bout de deux ou trois ans, cette vigne rapporte ; mais elle ne produit abondamment que la quatre ou cinquième ; encore la qualité du vin n'est pas aussi bonne que celle d'une vieille plante.

Passons maintenant à la façon de travailler la vigne. Après la vendange, on arrache les échalas, excepté en Bourgogne, où on les renouvelle chaque année. Dans la Sologne de Blois, l'on ne se sert point d'échalas ; les vignes y sont comme de gros pommiersnains dont les branches s'écartent; dans d'autres vignobles, les échalas sont debout, ou couchés sur deux autres qui sont croisés; ensuite, les vignerons relèvent la terre sur les sentiers.

Au commencement du printems, les culti-vateurs taillent la vigne, puis ils repiquent ces morceaux de bois à chaque cep, et ils labourent la terre : quand la gelée n'est plus à craindre, on lie les petites branches avec de l'osier ou paille. On ne lie pas la vigne aussitôt qu'elle est taillée, afin que le vent en agite les branches. Par cette précaution, elle est moins sujette à geler que celle qui est attachée. L'on travaille encore la terre à différentes saisons; mais c'est à la volonté des propriétaires de fumer les vignes peu ou beaucoup; ce qui se pratique communément l'hiver : la vigne où l'on pro-digue le fumier, produit davantage, mais il nuit à la qualité du vin.

Quelque temps après la fleur, on laboure pour détruire les mauvaises herbes ; et, quand les vignes sont trop fournies de feuilles, qu'elles s'élèvent trop en bois, on ébour-geonne. Enfin, la vendange arrive : après avoir cueilli les raisins, on met les rouges dans des cuves ; des hommes les foulent pour les écraser. On laisse ce fruit dans ces cuves pendant quelque temps ; l'on retire le vin que l'on met dans des tonneaux ; après ce travail, l'on ôte les grappes, on les met sur le pressoir pour exprimer le jus qui en reste.

Dans la Champagne, par exemple, l'on fait du vin blanc avec des raisins rouges ; on ne les met point en cuve ; ce qui s'appelle du vin fait sous pieds. Les vins d'Epineuil se font de même ; ils forment des vins gris ou œil de perdrix , très – bons. Quant aux raisins blancs, on les porte de suite au pressoir ; on les presse à plusieurs fois pour en retirer le reste de la liqueur que l'on met dans des tonneaux.

C'est dans cet instant où l'on peut former du vin muttis, dans les années où l'on craint que les raisins ne soient pas assez mûrs pour de bons vins. Alors l'on prend des futailles bien conditionnées , afin que la liqueur n'en puisse sortir. On les approche du pressoir , puis on y met environ vingt ou trente pintes de vin , qu'on brasse ou remue bien ; l'on y introduit par la bonde une très – forte mèche de souffre , allumée au bout d'un crochet fabriqué exprès, qui s'appelle un *méchoir* : aussitôt que cette mèche est brûlée , on la retire, et l'on bondonne la pièce qui doit être brassée

ou remuée fortement ; après quoi, l'on remplit le tonneau à moitié ; ensuite l'on y brûle
une seconde mêche, et l'on brasse comme
précédemment.

Cette opération faite, on brûle une troisième
mêche, et l'on remplit cette pièce que l'on
doit placer sur le chantier, à hauteur convenable, bien bondonnée. Vingt-quatre heures
après, l'on soutire le vin qui est très-clair
et-doux comme du miel : il conserve cette
liqueur long-temps, mais l'on prétend qu'elle
n'est point saine, parce que ce vin n'a point
jetté son écume comme les autres. D'ailleurs,
il ne serait bon que dans la primeur, pour
donner une petite pointe de liqueur aux vins
blancs ; car, en le mélangeant avec d'autres,
il est fort sujet à fermenter, surtout quand
la vigne est en sève, et dans les chaleurs.

C'est de ce défaut de précaution, dans plusieurs espèces de vins, que résultent les différens goûts de grappe, de pourri, de terroirs,
et que certains vins ne sont point de garde. Il
est possible que cela provienne du sol qui
n'est pas propre à la vigne ; cependant, des
bonnes terres, il en résulte ces différens goûts.
Ce vice provient du peu de soin que l'on
prend pour les vins : 1.º celui de ne point

égrapper le raisin avec celui qui l'est ; on y trouve beaucoup de différence. 2°. Ceux dont on a ôté les grains pourris et verdillons, avec ceux qui ont été mis indistinctement dans les cuves, ou sur les pressoirs. Il faut observer que, dans la Sologne vignoble de Blois et autres cantons, où l'on ne fait point usage d'é- chalas que dans les années très-abondantes, les ceps et les brances sont si considérablement chargés de raisins (appelés *gouas*, dont l'espèce est forte, et produit beaucoup de vin), qu'ils traînent par terre : de – là provient en partie le goût de terroir et de pourri. Les lignages et autres gros raisins noirs, quoiqu'avec des échalas, portent aussi une grande quantité de raisins par les aboutures du pied des vignes : voilà d'où proviennent aussi les goûts de pourri ; c'est d'autant plus probable, que l'au- vernat qui produit de très-bon vin, quoique situé dans les mêmes cantons, n'a pas ce défaut.

L'on n'ignore point que la terre est muable, et qu'elle produit plus ou moins à ses habi- tans. Mais aussi la quantité et la qualité du vin proviennent de la température de l'air. Sans se méfier de la providence, l'on peut faire de certaines remarques. Quand l'année est tardive et abondante en grandes eaux , il est presque évident que la récolte n'a pas de qualité. On doit donc examiner la température de chaque saison : si l'hiver est sec et froid, il arrive que quelques vignes sont gelées ; alors il faut les arracher, et en replanter d'autres (ce qui s'appelle *provigner*) ; mais quand il n'y a que des branches, on les coupe, et d'autres repoussent de la souche.

Quand l'hiver n'est pas rigoureux, le printemps suivant est ordinairement froid ; s'il vient des beaux jours, la saison fait végéter les arbres et arbrisseaux, fait monter la séve de la vigne ; alors elle pleurt ; aussitôt elle boutonne ; et quand le cosson est en boure, de la grosseur de poids rond ; dans cet état, elle est exposée à la gelée. Cependant il est des terres qui y sont plus sujettes les unes que les autres. L'on doit remarquer encore que quand la gelée vient du vent du Nord, elle n'est pas dans le cas d'endommager les vignes des coteaux qui font face au Midi. Lorsque cette gelée provient du vent du Sud, elle fait beaucoup plus de mal, quoiqu'il arrive souvent qu'après cette époque, il repousse des arrières cossons : mais c'est toujours un mauvais prélude. Il est à observer que, quand il

gèle, les vignes ne sont pas toujours endom-
magées, surtout lorsque la terre est bien
sèche ou qu'il fait un grand vent, ou que le
temps est couvert au lever du soleil ; pour lors,
la gelée tourne en eau, parce qu'il n'y a
que la vivacité de cet astre lumineux qui
brûle le bouton, ou cosson.

Si le commencement est à craindre, c'est
encore pire lorsque les grappes de raisins commencent à paraître, et qu'il fait des gelées de
la manière énoncée plus haut ; alors le mal en
est plus considérable. Si le temps est favorable,
le pempre ou la feuille pousse rapidement et
conserve les raisins, à moins que le froid ne
soit extrêmement fort.

Les premiers risques passés, nous avons le
ver-rouge à craindre. Cet insecte se met dans
les grappes et dans les feuilles, et fait, dans
plusieurs contrées, un très-grand ravage. Un
autre danger à redouter encore, c'est quand
l'aubépine fleurit, et qu'il fait froid ; il
vient contre la queue de la grappe un petit
sillon de bois verd, qui pousse très-rapidement
gros comme un fil d'archal ; il entraîne le
raisin naissant, et le fait tomber, ou couler
dans le haut des branches gourmandes de la
vigne.

Arrive ensuite la fleur qui dépend du temps plus ou moins favorable ; parce qu'elle doit être passée huit jours après ce qu'on nommait la Saint-Jean, pour sa saison ordinaire ; mais, si elle traîne en longueur, mauvaise annonce pour la qualité du vin. Il faut un temps propice ; car l'extrême chaleur l'a fait quelquefois couler ; mais point aussi communément, lorsqu'il tombe des pluies froides.

La fleur passée, la vigne est encore sujette à couler : les raisins n'étant pas bien noués, les chaleurs trop vives qui succèdent aux pluies, les forcent à tomber.

Ces risques passés, l'on craint le tacon qui est occasionné par des brouillards, ou par des gouttes d'eau qui restent sur les raisins, et qu'un rayon de soleil fait calciner ; il forme une tâche ou croûte, qui empêche le raisin de croître. Mais les orages sont plus à craindre, lorsqu'ils sont accompagnés de la grêle ; dans les contrées qu'elle ravage, non seulement la récolte du vin n'a pas de valeur, mais il s'ensuit souvent que le bois de la vigne est endommagé pour plusieurs années.

Il survient quelquefois des pluies froides ou brouillards qui rouillent les feuilles, et altèrent les vignes ; parce que le soleil survenant par - dessus, il sèche le pampre. Si des nuits froides succèdent à cet inconvénient, le raisin se découvre, et ne peut arriver à sa parfaite maturité. Un danger encore plus grand, c'est lorsque l'automne est froide, et que le raisin gèle avant d'être mûr ; alors il ne peut plus produire, ni mûrir, et rend du très-mauvais vin. Cependant, quand la gelée n'est pas bien forte, et que le raisin blanc est à sa maturité, elle rafine son écorce, et rend davantage de suc. Il n'en est pas de même du raisin rouge, le froid lui est contraire.

Enfin, il faut un temps favorable ; car autrement, on ne peut avoir de bon vin. Par exemple, si la fin de l'été est trop sèche et trop aride, les raisins dépérissent ; et ne prenant point de nourriture, ils ne se soutiennent que dans les terres fortes et humides seulement ; et le vin n'en est pas meilleur. Il faut un temps mitigé, pour que ce fruit ait sa partie spiritueuse, huileuse, phlegmatique et son sel ; il n'acquiert cet avantage que par les pluies douces, les rosées du matin et le soleil, jusqu'à sa parfaite maturité, qui lui donne son bon goût, sa saveur, et en même temps fait mûrir le bois de la vigne ; ce qui est de bonne augure pour l'année suivante.

Quand l'été est trop pluvieux, ainsi que le commencement de l'automne, l'on désespère beaucoup de la qualité des vins ; parce que le bois de la vigne pousse prodigieusement à la séve d'été, et empêche les raisins de mûrir. Il est certain qu'à moins que l'auteur de la nature n'y répande sa divine influence, que, quand une fois l'humidité est extrême sur la terre, que l'astre du jour la retire, et qu'il y succède presque infailliblement des pluies continuelles ; il en résulte souvent des vins verts et sans qualité ; dans ce cas, on doit se précautionner de vins vieux. car le vin d'un goût acide et vert ne vaut rien ; il déplaît aux buveurs, avec raison ; non-seulement il n'est point agréable à boire, mais il cause des tranchées ou coliques ; tels bons vins que vous mettiez avec pour le bonifier, il en détruit la qualité. On peut cependant le rendre plus potable par la douceur, avec du miel, du raisin de Corinthe, ou sucre ; il est inutile d'y mettre d'autres drogues. Puisque la terre produit une boisson très-agréable, qu'a-t-on besoin d'y joindre des corps étrangers, sinon pour suppléer au défaut de maturité, afin de rendre cette liqueur plus salutaire ?

En supposant que les années soient toujours favorables pour le bon vin ; il est cependant évident qu'il y a des crus, des climats, ou cantons qui produisent des vins infiniment meilleurs les uns que les autres : les blancs, surtout, sont pour l'ordinaire plus vineux que les rouges, et par cette raison, plus spiritueux : quant aux rouges, ils le sont plus ou moins, suivant le temps qu'on les maintient dans les cuves ; s'ils y restent peu, il en résulte qu'ils sont beaucoup plus légers en couleur et moins bons pour la garde, quoique meilleurs au goût et plus vineux ; mais restant trop long-temps dans les cuves, l'esprit de la liqueur s'exhale ou s'évapore ; le vin en est plus rouge et moins spiritueux ; si au contraire on le tire de la cuve au temps nécessaire, c'est-à-dire, ni trop, ni trop peu, ce qui dépend de la fermentation, il sera de garde ; s'il a trop de cuvés, il ne sera jamais aussi bon. Il y a aussi beaucoup de vins blancs qui ne sont pas bons en vieux, ils sèchent et perdent leurs vinosités et leurs goûts, tandis que d'autres conservent une amoureuse vinosité ; cela provient des différens terrains et des espèces de raisins, comme meslier vert et gros blanc, ou pineau dur.

Beaucoup de vins sont sujets à se gâter ; les uns tombent à la graisse , au besaigre , défaut presque général dans les vins trop chauds et trop vineux , comme Roussillon, Picardan, Provence et Languedoc. Dans tous ces pays , la jauge est inégale ; elle tient depuis quarante-cinq, cinquante , jusqu'à quatre-vingt-dix et cent setiers ; le vin du Rhône , depuis Lyon jusqu'à Marseille, encore jauges inégales, depuis vingt-huit , trente-six à quarante - cinq setiers; l'Auvergne se vend au pot , et le pot tient quinze à seize pintes de l'ancienne mesure de Paris.

On ne peut presque point laisser long-temps ces sortes de vins en vidange, qu'ils ne viennent presque vinaigre : cet inconvénient provient de la grande chaleur des climats : la preuve en est évidente , puisque, quand on met de ces espèces de vins avec d'autres, ils les bonifient en apparence, lorsqu'ils sont débités promptement et bus de même ; car autrement , ils tombent au goût d'aigreur, malgré la précaution qu'on a de brûler un peu de mêche dans les pièces , quand elles sont en vidange ; ce qui contribue à les conserver, ou bien il faudrait mettre le tout en bouteilles ; ce qui deviendrait onéreux , surtout aux marchands.

Il y a encore différentes espèces de vins, qui montent en lie, ou qui viennent au poussé-bouté, vice que les vinaigriers même n'aiment pas, n'étant point propre seul à faire du vinaigre. Il y a aussi le goût d'échaud ou échauffé, qui est encore fort désagréable, ainsi que le goût de lie sèche ou croupie ; mais ces derniers et le futé proviennent des tonneaux. De tous les vices du vin, il n'y a que l'amertume qui est la plus supportable, et dont on peut tirer partie ; car, pour les autres, l'auteur du parfait vigneron a donné beaucoup de recettes dont aucune ne peut emporter radicalement le vice du poussé et du besaigre : on peut les adoucir, sans en pouvoir détruire la cause.

Comme tous les climats ne sont pas propres à faire des vins de garde, les marchands et autres devraient avoir la précaution de mettre les différentes espèces de vins dans des essais de verre, les laisser au tiers ou moitié en vidange lorsque les vins nouveaux ont jeté leur feu, puis mettre ces essais sur l'appui d'une croisée, artistement bouchés ; et au bout de huit ou quinze jours, ceux où il n'y aura pas de fleurs dessus, il sera bon à garder, quant aux rouges. Pour les vins blancs, faire de même ; parce que, s'ils se maintiennent blancs, c'est une preuve certaine qu'il ne rompra pas.

Il faut acheter , dans de bons crûs , des auvernats blancs et rouges ; si c'est en Basse-Bourgogne , le pineau , qu'on assure être le même genre de raisin que l'auvernat ; il en est encore un autre qui diffère , qu'on appèle auvernat gris ou bourguignon , qui a le pampre ou la feuille farineuse.

L'aublanche et le meslier sont des raisins par excellence , qui font de très - bons vins. Si on desire acheter des moyens crûs de la Basse-Bourgogne, depuis Villeneuve-la-Guerre jusqu'à Joigny , tout le long de la rivière de l'Yonne , on y trouve des vins de différentes qualités ; la jauge est en demi muid ou feuillette , reliés avec de gros cerceaux. Le muid doit être de contenance de trois cents pintes, ancienne mesure de Paris.

Joigny et les environs, Auxerre et dépendances , Champs , Ecolive , Collange , la Vineuse , Cravant , Vermenton , Bailly , Saint-Brice-Hirancy , Chably , Milly , Chichery , Besne , Posly , Tonnerre , Epineuil , Mont-l'homme , Saint-Florentin , Avrolle , Chaume et Brinon-l'Archevêque ; là sont les supérieurs, même jauge et plus forte. Les feuillettes ou demi muids sont reliés en petits cerceaux ;

partie en bois de coudre. (Cette observation est nécessaire pour ceux qui sont dans le cas d'acheter sur les ports à Paris.)

Les endroits où l'on peut se procurer d'excellens vins, dans la Haute-Bourgogne; sont : Paumard, Nuit, Volleney, etc. ; ces vins sont en demie queue, ainsi qu'au vignoble de Châlons-sur-Saône. Il y a dans ces pays différentes cuvées qui sont renommées.

Pour se procurer du bon vin à bas prix à Paris, il faut aller à Pouilly et environs ; Chavigny, Sancerre, Châtillon, Housson, même la Chaise, pour les rouges et blancs : la jauge est en demie queue; chaque pièce contient trente à trente-deux setiers, qui produisent à-peu-près deux cents quarante-cinq à deux cents cinquante pintes, ancienne mesure de Paris. Les bondons sont de bois debout, comme aux feuillettes.

L'Arnaison, Charlieu sont réputés pour les vins de couleur ; dans le Mâconnois, les Torins, Morgon, Fleury, Villefranche et autres crûs, on y trouve des vins distingués ; on en amène pour la vente, à Paris, sur les ports et à la halle au vin, même sans être barrés. Mais les mâconnois le sont avec des chevilles de bois blanc, presque tout autour du fond ; la jauge

de

de ces pays est en demi-queue ; dont le dépotage est de vingt-huit setiers qui peuvent produire deux cents trente pintes, ancienne mesure : il s'en trouve de plus forte, comme de plus faible ; alors, il faut avoir recours aux jaugeurs de Paris, quand ces vins sont achetés.

A Orléans ; son grand vignoble fournit des vins rouges et blancs dans les cantons suivans ; savoir : Saint-Marc, la Chapelle, Saint-Jean-de-la-Ruelle, Ingré, Ormes, Saint-Paterne, Saint-Vincent, Chaingy, Fourneaux, Saint-Ay : ces contrées produisent des vins de couleur et de garde ; et, pour la primeur, Bou, Mardier, Saint-Denis-de-Jergeau, et la Ville, la Queuve, Siglois, Sandillon, Saint-Cyr, Saint-Jean-le-Blanc, Saint-Denis-En-vale, Saint-Marçan, une partie d'Ollivet, c'est-à-dire, la première cuvée, du côté de la Source ; on y fait un peu de vin blanc fort bon : ensuite, Saint-Privé, Saint-Hilaire, St.-Mesmin, Mareau, Mézière, Laperrière, Saint-André et Cléry, pour les bons vins blancs ; et encore, dans les années favorables, du côté de Venecy, Marigny, Rebrechien : tous les autres crûs en rouge et en blanc, sont inférieurs, à l'exception de Saint-Debraye pour les vins rouges ; la jauge est en poinçon ou demi-

B

queue ; chaque pièce tient 30 à 32 setiers, équivalant à 245 ou 250 pintes, ancienne mesure de Paris. Quand on envoie de ces vins à la vente dans cette capitale, les pièces sont reliées en cerceaux de bois de chêne avec son écorce ; les barres et les chevilles sont communément en chêne. On peut faire venir ces vins par le canal, mais la majeure partie arrive par terre ; les voituriers vont charger dans les vignobles. Le prix du transport, pour Paris, varie suivant le cours du Martroy, où l'on trouve des voituriers pour les départemens.

En descendant la rivière de Loire, on apperçoit la petite ville de Meun, à quatre lieues d'Orléans, où l'on récolte dans ses environs de fort bon vin rouge-auvernat, pour la primeur et la garde, ainsi qu'à Baulle, Baulette, Messard, Beaugency et autres lieux ; mais ceux de Guignes, à six lieues d'Orleans, sont les meilleurs ; car ces vins sont très-estimés ; la jauge est comme à Orléans, et de même capacité, reliée et barrée à-peu-près de même ; quelquefois les cerceaux sont de bouleau ; on peut faire venir ces vins à Paris par eau, si la voiture, par terre, est trop chère.

En continuant la route, il y a Avaray,

Tavers, Haunay, Mer-la-Ville, Suevre et le Vivier sur Loire, qui rapportent des vins rouges, mais plus encore de bons vins blancs; la jauge est la même que ci-devant, et quand on envoie ces vins à la vente à Paris, ils sont reliés en cerceaux de différens bois; les barres sont de chêne, et les chevilles de bois de charme.

Il est inutile de s'arrêter à Menard et à la Chaussée-Saint-Victor, sinon pour quelques celliers que l'on appelle bourgeois, qui se distinguent, le long de cette côte, en assez bons vins blancs; quant à ceux des vignerons, ils sont bien blancs, mais peu vineux, ni moèleux.

De-là, on passe dans le vignoble des vins de gros noirs; les vins blancs y sont médiocres.

A Jarday, Villesecrou, Francillon et Villebarou, plus le vin est noir et en couleur, plus il a de qualité. Cependant à Villejouin et les Granges, il s'y trouve des celliers passables.

En descendant la vraie côte des Noelles; Saint-Claude, Morèt, Montliveaux, sont réputés pour les vins blancs. A Malives, Saint-Dyé (petite ville,) Muide et Nouan, la majeure partie est en petits auvernats rouges.

Vineuil-les-Pavés, Nanteuil, Lechiteau,

Huisseau, formant l'arrière côte des Noelles, diffèrent un peu, à cause de la quantité des mesliers qui rendent ces vins moins soyeux, plus secs et plus acides. Saint-Gervais est à-peu-près semblable ; ils rendent plus à l'eau-de-vie.

Passant ensuite à Chaille, Villeloi, Madon et Caudé, ces deux derniers endroits rapportent de très-bons vins de meslier ; mais on doit observer qu'il s'y récolte une espèce de raisins connus sous le nom de *pineau* et *goua*, ou *gouet*, blancs, que l'on mélange, et qui diffèrent en qualité.

Les bons gourmets ne s'y trompent point au goût.

Il y a aussi quelques auvernats rouges et lignages qui ne sont point indifférens, quoiqu'ayant un goût de terroir.

Derrière cette côte, est la paroisse des Moutils, où l'on se procure des vins blancs de gouas, espèce de raisins comme dans la Sologne ; et des rouges de lignage, dont on peut tirer parti pour le bas prix.

De-là, allant au Tartre, Houchamps, Fins, Fougère, Chetinay, Corméray, la Rue-Colin, les Mursbelins, Cour et Chiverny, on y trouve les meilleurs vins de la Sologne : on fabrique

souvent de l'eau-de-vie avec ceux de Mont,
Salette et Clainor, quoique crus inférieurs.

En repassant la ville de Blois, là est le vin
de la vraie côte des Grois, des auvernats rouges,
vrai nectar. Il y a aussi des lignages très-
rouges et fort bons, quoiqu'avec un petit
goût de terroir

Chambon, Mollineuf et Bussy, pays situés
derrière la forêt, produisent des vins d'auvernat et de lignage rouges très-passables,
mais avec un goût de terroir.

Choussy, paroisse près la rivière de Loire,
produit d'assez bons vins rouges. La jauge
des vignobles dénommés ci-dessus est en
demi-queue, à-peu-près comme celle
d'Orléans ; chaque poinçon ou demi-queue
porte 30 à 31 setiers, environ 245 à 250
pintes, mesure de Paris. Il faut faire attention
que les pièces fabriquées avec de trop larges
douelles ou douves, ne tiennent pas autant
que quand elles sont construites avec de plus
étroites. Les pièces de vin de ces pays, qu'on
envoie à la vente à Paris, sont pour l'ordinaire reliées avec des cerceaux de chêne ayant
écorce ; il y en a, cependant, qui n'en ont
point, c'est-à-dire, pelard. Les pièces de
Sologne ont les cerceaux en bois de saule,

les barres en chêne ; et les chevilles de bois de charmes, au nombre de six jusqu'à douze pour chaque bout.

L'usage de ces vignobles est d'acheter sur lie, et franc pour le vendeur, comme aussi, de faire venir ces vins sur les ports, ou en magasin chez les commissionnaires, pour les relier, barrer et charger, par eau ou par terre, pour Paris. Il en coûte d'arrivage depuis 10, 20, 30 à 40 sols par pièce, des vignobles les plus éloignés.

On en fait venir aussi en droiture par la Loire, jusqu'à Orléans ; et de-là, on les fait voiturer ensuite par terre, pour Paris ou autres lieux.

En cotoyant la rivière de Loire, depuis Ouzin jusqu'à Monteaux ; et de l'autre côté de la Loire, depuis Chaumont jusqu'à Amboise, ces endroits produisent de gros vins rouges très-communs, qui sont rarement de garde, et fort sujets à pousser. La jauge est de 32 à 33 setiers, environ 256 à 260 pintes de l'ancienne mesure de Paris. Les vins des environs d'Amboise, en rouges, ont à-peu-près la même qualité et même jauge. Quand il en arrive à Paris, ils sont reliés de cerceaux de différens bois, l'osier en est jaune, les barres de bois de chêne, et les chevilles de bois de charmes. Les usages de ces vignobles sont à-peu-près les mêmes que les lieux précités, pour l'achat des vins.

Les vins des environs de la rivière du Cher, comme Bléré, Moutou, Bouré, Montrichard, et environs, sont ordinairement fort rouges, et bons pour le commerce de Paris ; les vins blancs n'y sont pas aussi distingués. Saint-Aignan, Selle, et tout le Berry, sont inférieurs. La jauge est aussi de demi-queue de 32 à 33 setiers, produisant 260 pintes de l'ancienne mesure de Paris. Le reliage et barrage ne diffèrent point de celui des environs d'Amboise.

Revenant de-là à Saint-Martin-le-Beau, Noizay, Vouvray, Roche, Courbon, Tours et les environs, on y peut acheter, si l'on veut, de très-bons vins blancs pour la vente en détail, à Paris, et des vins rouges du crû de Jouet, qui sont fort bons : il y a des jauges dans ce pays, depuis 33 jusqu'à 36 setiers, environ 270 pintes, ancienne mesure de Paris. Ces vins sont très-connaissables, tant par la qualité, que par les belles futailles ; elles sont reliées et barrées comme celles du Cher ;

mais les pièces sont beaucoup plus grosses de bouges, et le fond plus large, ainsi que tous les vins de la Tourraine.

Même usage dans la Tourraine et mêmes frais. On ne tire ces vins que par eau; on peut les faire venir par Orléans.

En Anjou, on achète franc pour les vendeurs; les arrivages du vignoble s'acquittant, jusqu'au port, à proportion de l'éloignement. L'on n'exige plus de congé de remuage; l'on paye la commission, la façon du soutirage et reliage. Ces vins viennent par eau à Orléans, avec peu de frais, ainsi que par le canal, pour Paris : si le vent est favorable, ces vins arrivent à Paris en 15 jours.

Même route. A Saint-Nicolas de Bourgueil et environs, Restigny, Chinon, et autres villages circonvoisins, on y récolte de bons vins rouges, en choix; mais ils ont toujours un goût de terroir: il est à croire que cela provient du raisin. Les vins blancs y sont d'une médiocre qualité; la jauge est en barique ou demi-queue, plus courte de jable que celle de Tourraine, et tient 33 à 34 setiers, produisant 270 pintes de Paris : elles sont reliées avec des cerceaux de bois de châtaigner, à trois ligatures d'osier, que l'on appelle, en terme technique, *patenotes* ou *chapelets*. Ces pièces portent en hauteur deux pieds et demi, comme celles de Tourraine, Blois et Orléans.

En continuant la route par Moncereaux, Turcan, Saint-Cyr, Montreuil, Saumur, et côteaux des environs, les vins blancs y sont très-bons, en choix ; celui des vallées diffère beaucoup en qualité ; la jauge est des bussards, hauteur de trois pieds, moins grosse que celle de Chinon. Leurs pièces sont reliées de même, excepté qu'elles ne sont pas garnies de cerceaux en plein, ou fort peu. La pièce ou bussard porte 32 à 33 setiers, au moins 260 pintes de l'ancienne mesure de Paris. Dans les environs d'Angers, il y a aussi de très-bons vins blancs. La jauge est, pour ainsi dire, la même qu'à Saumur, même plus forte. Il est à remarquer que plusieurs de ces vins ont un goût de tuf, qu'il faut éviter, quoique ce goût se perd en le mettant avec d'autres ; il en est de même des vins de tout l'Anjou.

Dans le Bas-Anjou, ou dans la Châtellenie, en passant par Ancenis ; car autrefois l'on ne pouvait acheter en Bretagne, sans y payer un fort droit qui appartenait aux Etats, au lieu que de l'autre côté de la Loire, on ne payait que la jauge et le courtage, droits dont les marchands d'Orléans étaient exempts ; à Brevet, Lairé, Chantoneaux, et autres lieux situés dans ces environs, il y a des vins blancs en bussard, ainsi qu'à Saumur, pour le bas prix. A Chantoneaux et environs, ce sont des poinçons ou demi-queues de la façon de celles de Chinon ; mais la ligature des cerceaux est comme en Tourraine : on achète les vins en tonneaux de mer, quatre pièces pour un tonneau ; chaque pièce contient 32 à 33 setiers, 260 pintes, ancienne mesure. De Chatoneaux à Nantes (six lieues de distance), il y a des vins blancs nantais, dont la majeure partie a le goût de marécage. La jauge est la même que celle de Chantoneaux.

Dans le Poitou ; savoir : Chatellerault, l'île Bouchard, Saint-Georges, la ville de Poitiers, et ses environs, les vins rouges, en choix, ou première qualité, y sont très-bons pour le commerce; les vins blancs sont médiocres. La jauge est inégale, et tient depuis 32 jusqu'à 45 setiers, 360 pintes, ancienne mesure de Paris. Les pièces sont dans la forme de celles d'Anjou, reliées de même, mais presque tous vieux fûts.

La Saintonge et le pays d'Aunis abondent

en vins; mais, comme on les convertit presque tous en eau-de-vie, il en arrive rarement à Paris. Les vins de Bordeaux sont excellens; mais on en fait venir très-peu, parce que le transport deviendrait trop coûteux. D'ailleurs, on les embarque pour les îles, ainsi que ceux d'une partie de la Gascogne.

Quant au Berry, les vins se consomment dans le pays; ainsi que ceux de la Franche-Comté, et le pays Messin. Cependant l'on tire de ce département, des vins d'Arbois.

En passant par Orléans et le Gâtinois, on y trouve des vins assez bons, aux environs de Beaune sur-tout.

Environs de Paris. A Andrezy, Trielle, les Carrières, Saint-Denis, Conflant, jusqu'à Mantes-sur-Seine, et environs, l'on y vend des vins au muid, mesure de Paris, ainsi qu'à Roboise et Méricourt, Moisson, Mousseaux, la Roche-Guyon, Franciade, Bonnière, Bellecour et Véron : les vins les plus renommés sont ceux de Méricourt. La jauge est en muid ou feuillette. Les achats se font assez ordinairement argent comptant.

Du côté de Saint-Thibault (en Brie) les vins blancs sont passables; les vins rouges n'ont de valeur que pour le vinaigrier. La jauge est en demi-queue de différentes grosseurs, comme dans le Gâtinois.

Après avoir fait des achats dans tels lieux que ce soit; si l'on est pressé de ses vins, il faut avoir soin de les bien soutirer, avec la précaution de mêcher les vins blancs, plus ou moins, suivant l'éloignement, afin d'en conserver la blancheur, autant que possible. Si l'on peut laisser ses vins nouveaux sur la lie pendant quelques mois, ils en seront meilleurs; parce que la lie est la mère nourrice du vin nouveau. Si des raisons nécessitent de laisser ces vins dans les départemens, entre les mains d'un commissionnaire, pour être mis en magasin ou en cave pendant quelque temps, il faudra les soutirer, quand même ces vins l'auraient été: l'on fera un autre soutirage, lorsqu'il sera utile de les transporter d'un lieu à un autre, par eau ou par terre; car la lie folle est pire que la première, et pourrait par la chaleur gâter le vin.

Pour prévenir les accidens, il faut avoir soin de les mettre, en arrivant, dans de bonnes caves ou celliers bien frais, et faire attention de tenir les pièces pleines, parce qu'en les laissant en vidange, il s'y forme des fleurs sur la surface, qui occasionnent une pellicule qui altère le vin. L'on doit aussi bien bondonner les pièces ; car le vin ne gonfle que par les vents du Sud, par la grande chaleur, ou quand il gèle trop fort.

Le vrai but de l'auteur est de donner tous les renseignemens nécessaires pour ce qui concerne les achats dans chaque vignoble ; comme il a passé légèrement sur la Haute-Bourgogne, et sur les environs de Châlons-sur-Saône, il va les donner plus amplement.

Si l'on a besoin de la première classe de ces vins, voici les noms des lieux où l'on peut s'adresser ; savoir : Beaune, Chasseigne, Paumard, Vollenay, Nuit, Mulceaux, pour les vins blancs : on y trouve aussi des vins rouges de seconde cuvée, ainsi qu'aux environs de Dijon ; les vins y sont de bonne couleur. L'usage du pays était d'acheter tout dedans, c'est-à-dire, la commission et droits compris. Le reliage coûte 40 ou 50 sous par pièce ; ces pièces sont couvertes de cerceaux, et le fond chevillé tout-au-tour. La voiture de terre coûte 25 à 30 fr. par pièce qui contient 245 à 250 pintes, ancienne mesure de Paris.

L'on peut aller aussi à Châlons-sur-Saône, Mercuré, Neuilly, Hivry, Chenauve, Bussy, Saint-Valérien, en première cuvée ; on y fait de bon vin : il y a aussi des crûs communs en rouges et blancs ; mais ils sont sujets à plomber, c'est-à-dire, ils changent de couleur, et deviennent noirâtres, sans cependant changer de goût. A Saint-Jean-de-Veaux, Saint-Marc, Nozey, Saint-Denys-de-Rully et Bussy-Fontaine, les achats se font comme aux environs de Dijon. La voiture par terre jusqu'à Cravant, pour les charger sur la rivière d'Yonne, coûte 20 ou 25 s. par pièce : si elles viennent par terre, pour Paris, elles coûtent 25 à 30 s. La jauge est aussi forte que dans la Haute-Bourgogne ; les pièces ne sont pas reliées ni barrées de même.

La Champagne produit aussi d'excellens vins rouges et blancs, mousseux et non mousseux.

Les mousseux sont en bouteilles, dont les bouchons sont arrêtés avec du fil-d'archal, et coiffés avec de la poix-résine. Les meilleurs vins sont de la côte de Rheims, sur la rivière de Marne. Les fameux, à Sillery, Dai, Haute-Villiers, Epernay, Cumieres, Venteuil, Versenay, Saint-Thierry, Mallis, Rilli.

Il y a dans la Champagne de moyens et petits crûs, comme Villenose et environs ; la jauge en est fort petite, et ne tient que 196 à

200 pintes de l'ancienne mesure de Paris ; au lieu que celle de Rheims tient 224 à 230 pintes de la même mesure. L'usage de ces vignobles est d'acheter franc pour les vendeurs. La voiture par terre venant de Rheims, est de 12 à 15 fr. pour Paris ; et de Villenose, 3 à 4 fr. pour chaque pièce, par eau. Le reliage ordinaire est en petits cerceaux, et barré avec des chevilles. Ces vins ne se mélangent pas aisément. On paye dix sols de commission par pièce, et 20 s. de reliage.

Aux Hérissés, les vins sont d'une assez bonne qualité dans les premières cuvées, mais les bas crûs sont fort communs. L'on achète assez ordinairement dans ces cantons, comme dans le Châlonnais ; la jauge est en demi-queue de 30 à 32 setiers, 245 à 250 pintes, ancienne mesure de Paris.

La Lorraine produit aussi beaucoup de vins ; mais il faut une grande disette pour y avoir recours. D'ailleurs, ils ne supportent pas, pour ainsi dire, le charrois.

Aux environs de Vendôme, on recueille des vins rouges et blancs ; il en vient quelquefois à Paris : la qualité en est médiocre : même jauge que celle de Blois, reliée en cerceaux de bois de bouleau.

Châteaudun et son voisinage produisent d'assez bons vins rouges, mais très-peu de blancs, ainsi que le pays Chartrain. La jauge est à-peu-près comme celle d'Orléans.

Nonancourt, Thilliers, Aunette, Passy-sur-Eure, Menille, à une lieue de Passy; Croizy, Hardancourt, sont des vignobles qui rapportent beaucoup de vins; ils ne sont pas renommés, et se consomment à 15 et 20 lieues. Il arrive aussi à Paris des vins d'Aigle, de Mortagne, de Moulins et des environs; mais ces vignobles avoisinent presque tous la Normandie; il faut dónc prendre garde que ces vins soient mélangés avec du cidre ou poiré; et, si l'on est pas assez connaisseur pour s'en appercevoir au goût, il faut en chercher la preuve avec du feu que l'on mettra dans un fourneau, faire chauffer une pelle à feu; lorsqu'elle sera bien rouge, jetter de ce vin dessus, et en respirer la fumée. S'il y a dans cette liqueur du cidre ou poiré, il est impossible de ne pas s'en appercevoir. L'on peut en faire de même à tous les vins qu'on soupçonnera. L'on ne s'y trompera jamais.

L'on trouve dans beaucoup d'endroits de petits vignobles dont il est inutile d'entretenir le lecteur.

Quand

Quand des circonstances ne permettent pas d'acheter soi-même, l'on peut s'adresser à des commissionnaires, qui enverront des vins tels qu'on les demandera, au prix le plus juste, en leur payant une commission raisonnable. Afin d'être bien servi, il faut entretenir une correspondance avec eux, pour recevoir avis de ce qui se passe, non-seulement pour la variété des prix du vin, mais encore pour les bons marchés qu'ils peuvent trouver, et être à même de connaître les progrès de la vigne, depuis le printemps jusqu'à l'automne.

L'on doit tenir registre des lettres de chaque demande, avoir des livres-journaux d'achat et de vente, cotés et paraphés suivant la loi, en papier timbré ; avoir soin d'acquitter exactement les billets, les acceptations, ainsi que les conventions verbales de tous les achats, que l'on inscrira exactement sur un carnet, après avoir fait ses achats soi-même.

Si, au contraire, c'est par lettres d'ordre, que les commissionnaires ont acheté, il faut leur demander une facture, dont voici la formule :

Doit le cit. Pierre, marchand de vin à Paris, au cit. Paul, commissionnaire à Blois ; savoir :

Pour cent pièces de vin blanc d'achat du
cit. de C...... à cent cinquante-cinq francs
la pièce. . . . . 5,500 f.
Pour commission à vingt sous la
   pièce. 100
Pour façon de soutirage à cinq sous. . . 25
Pour arrivage au port à 20 sous. . . . 100
Pour reliage en plein à 20 sous. . . . 100
                TOTAL. 5,825

Si cet achat est fait au comptant, il tire à
vue sur vous aussitôt que vos vins sont chargés, en ces termes :

Blois ce   mois de   an Bon pour
5825 francs. Citoyen, il vous plaira payer, à
l'ordre du citoyen . . . . de notre ville,
la somme de cinq mille huit cents vingt-cinq
francs, valeur reçue comptant dudit citoyen,
et que je passerai à votre compte pour solde.
                     Signé HENRY.

Au citoyen . . . . marchand rue . . . . à Paris.

Si, au contraire, les achats sont payables
dans des termes convenus, le commissionnaire
tire sur vous sa traite, à trois mois, plus ou
moins, en ces termes :

Blois, ce   mois de   an   Bon pour
5825 francs. Citoyen, à trois mois, il vous plaira

payer à moi ou à mon ordre, la somme de cinq mille huit cents vingt-cinq francs, valeur en moi-même, que je passerai à votre compte, suivant l'avis de votre très-humble.

Signé HENRY.

Accepté DENYS.

Au citoyen Denys, marchand de vin, rue ..... à l'enseigne de ..... à Paris.

Si vous payez en votre billet à ordre, vous vous exprimez en ces termes : Dans trois mois de ce jour, je payerai au c. Henry, commissionnaire à Blois, ou à son ordre, la somme de cinq mille huit cents vingt-cinq francs, valeur reçue dudit citoyen ..... marchand de vin.

A Paris, ce   mois de   an

Bon pour 5825 francs.

Signé .....

Si l'on est riche, il faut travailler pour soi-même et ses confrères, rétablir la réputation des marchands de vin ; car la cupidité d'un petit nombre a nécessité la faillite de plusieurs. Il serait louable de remédier à ce désastre qui dégrade l'homme, malgré ses richesses.

Il conviendrait donc de se conformer aux marchands en gros et négocians en tout genre, ne point vendre en détail, et se contenter

C 2

d'un bénéfice raisonnable sur les détaillans ; c'est-à-dire, gagner tant par pièce ou tant pour cent, de manière que celui qui vend en débit ait un avantage honnête.

Les marchands de vin faisaient ci-devant partie des six corps, mais ils ne se comportaient pas de même. Aujourd'hui, les plus riches, guidés par l'ambition, vendent en gros et en débit : par cette conduite méprisable, ils paralysent l'industrie des détaillans ; et pour cet effet, ils ont des caves dans les meilleurs quartiers de Paris, tenues par leurs garçons ou prête-noms, qui réduisent les vins au plus bas prix et attirent la vente, de sorte que d'anciens marchands, pères de famille, surchargés par les loyers, ne pouvant les imiter, deviennent infortunés, et sont exposés à faillir.

Pour remédier efficacement à cet abus, les marchands en gros pourraient faire usage des moyens suivans ; savoir : 1.º Ne point vendre en détail ; 2.º acheter, comme par le passé, les meilleurs vins de France, et les arranger en cuvées, vin avec vin, au plus bas prix possible, de bonne qualité, tel qu'ils l'auraient donné en détail. Pour ce travail, deux ou trois garçons leur suffiraient, au lieu de 15 ou 20 qu'ils sont obligés d'avoir en ce moment.

L'honnête marchand aura beaucoup d'a-
vantage en vendant ses vins en gros, prêts
à débiter, ou chaque espèce dans sa nature,
moyennant trois ou quatre francs de profit
net par demi-queue. Il n'y a pas un marchand
détaillant qui ne fût dans le cas de vendre,
l'un portant l'autre, une pièce de vin par jour,
étant bien fourni; en conséquence, il est
constant qu'un marchand en gros, qui fournirait dix débitans, pourrait gagner quinze
mille francs de rente par soixante pièces de
vin, qu'il livrerait par semaine, avec 6 mille
francs d'avance, qui lui reviendraient tous les
jours ou chaque semaine : s'il ne voulait point
faire d'avance et se mettre à découvert, il ne
faudrait à ce détaillant que 12 à 15 cents
francs avec lesquels il ferait la navette, parce
qu'aussitôt qu'il aurait débité six pièces, il
en ferait revenir six autres qui auraient au
moins huit jours de repos dans sa cave ; c'est
plus qu'il n'en faut pour avoir du vin clair-
fin ; d'ailleurs on le collerait en arrivant, avec
des blancs-d'œufs bien battus pour le vin rouge
et de la colle de poisson pour le blanc, à
l'effet de vendre ce vin à huit sous, en supposant que les années promettent, par l'abondance, d'en donner à ce prix : Première
conséquence.

Comme il faut à ce marchand débitant plusieurs espèces de vin et de différens prix, le marchand en gros aurait la faculté de gagner 40 s. de plus sur le vin, au compte de 10 sous la pinte, et 40 sous sur celui que le débitant vendrait douze sous ; ce qui fournirait encore au marchand en gros un profit net de 4 francs par pièce ou demi-queue, en supposant que ce débitant vendît, dans la semaine, trois pièces à huit sous la pinte ou litre, et trois autres pièces à dix et douze sous, ce qui est très-possible ; par ce moyen, le marchand en gros gagnerait encore sur ces débitans ; ce qui lui formerait, par année, un bénéfice d'environ sept mille cinq cents fr., ci... 7500 f.

Avec quinze mille francs, ci........ 15000

Total du profit du marchand en gros 22500

Il faut ajouter à cette somme cent vingt pièces, plus ou moins, que ce négociant pourrait vendre à ces dix débitans sur lesquels il gagnerait douze francs par pièce, sur le compte de quinze sous, ce qui lui formerait encore un profit net de...................., 6250 f.

Avec vingt-deux mille, cinq cents francs, portés plus haut......... 22500

Total.................. 28750

Voici donc vingt-huit mille sept cents cinquante francs que ce négociant peut gagner sur ses confrères, sans ce qu'il peut vendre en gros à d'autres, dans le cours de l'année.

Ce négociant peut faire un pareil commerce avec trois mille six cents quarante pièces de vins, ou quatre mille pièces qu'il pourrait acheter dans différens vignobles, après les vendanges, pour son commerce annuel, ou bien faire un tiers de ses achats après la Saint-Martin ; parce qu'à cette époque, les vins sont presque tous parés ou clairs, et très-goûtables ; car, quand ils bouillent encore, on ne peut juger de la qualité du vin, au lieu qu'après le bouillon, s'il paraît bon, il le sera toute l'année, parce que c'est le temps de sa plus mauvaise qualité ; un autre tiers dans le courant de ventôse ou germinal, et l'autre tiers, après la fleur de la vigne ; et s'il prévoyait que les vins nouveaux ne promissent pas suffisamment de qualité, il se précautionnerait de vins pour six mois, après les vendanges, car il faut toujours avoir du vin vieux quand il est bon.

Un négociant qui a cinquante mille francs comptant, peut faire cette entreprise ; mais avec cent mille, il la fera plus facilement ; il pourra tirer, de différens vignobles, plus de deux mille pièces de vin pour ses caves, à Paris; il les aurait sous ses yeux; et, si ses facultés lui permettaient de faire venir la totalité, en payant tout au comptant, il lui en faudrait plus de trois cents mille; ce qui lui tiendrait lieu de l'intérêt de ses fonds, dont il pourrait retirer cinq à six pour cent; par ce moyen, il suporterait sans perte les coulages et quelques pièces gâtées, dont il aurait payé l'entrée, la voiture et les autres droits.

Par ce moyen, le marchand en gros aurait soin de se procurer des caves hors limites des entrées de Paris; il y mettrait un homme de confiance qui surveillerait ses vins, ou il les ferait déposer dans des endroits voisins de rivières, éloignés de Paris le moins possible, sous la surveillance de bons commissionnaires qui auraient l'œil sur la conduite de leurs garçons et ouvriers, afin d'éviter les grandes consommations et le dépérissement du vin qu'on laisse en vidange et qui se gâte. Il faut, comme on l'a déjà observé, de bonnes caves au vin; car les instans les plus critiques sont les chaleurs et quand les raisins commencent à tourner, jusqu'à sa maturité.

La bonne foi est la base du commerce; sans

elle , cette grande machine si utile à l'état, ne peut mouvoir , comme il conviendrait ; ce qui fait la calamité publique ; au lieu que , si cette bonne foi régnait , il s'en suivrait une parfaite intelligence , et tout le monde vivrait heureux. Cette charmante harmonie , nécessaire surtout entre marchands , augmenterait la félicité dont tout homme honnête doit jouir.

Quant aux marchands , il n'est presque pas possible qu'ils vendent à bas prix le vin tel que la vigne le produit , parce qu'il y a des années où le vin est trop mou et trop liqueureux ; ce que le public n'aimerait pas , surtout en rouge ; il soupçonne le marchand d'y avoir mis du cidre ou d'autres drogues , qu'il appelle falsification , et donne un discrédit : d'autres années , il est trop dur ou trop acide , et répugne aux buveurs ; ils prétetendent que le vin le plus franc est sur ou presque vinaigre , et ils courent aux environs de Paris, dans les guinguettes , où ils en boivent du plus mauvais , et qu'ils trouvent excellent ; telle est la fantaisie et le caprice des hommes accoutumés , depuis nombre d'années , à boire de l'eau - de - vie à chaque heure du jour. Ce qui engage les marchands de vin à donner du vin plus vineux qu'il ne devrait être , c'est que les amateurs d'eau-de-vie ne trouvent jamais le vin assez fort ; il faut donc de toute nécessité faire un mélange de vin d'une espèce plus spiritueuse, avec d'autres qui le sont moins, et y ajouter des vins de Languedoc ou Roussillon, et quelques pintes d'eau-de-vie.

Les anciens défendaient de mettre cette liqueur dans le vin, et ils avaient raison : c'est faciliter la fraude ; car certains marchands tirent des vins de Provence, du Languedoc et Roussillon, par mer ; ils les font débarquer à Rouen, pour y mélanger des eaux-de-vie de cidre, qui étaient alors prohibées à Paris, attendu qu'elles sont malfaisantes. L'on en met assez ordinairement dans les vins du prix de huit à douze sous la pinte (litre) : quant à ceux de quinze sous et au-dessus, on les vend communément en nature, à l'exception, cependant du Languedoc fin que quelquefois on y introduit, pour forcer un peu la vinosité, avant que le vin ait été collé. Si les blancs d'œufs ne suffisent pas pour éclaircir les vins rouges, il faut ajouter un peu de sel commun ; quant au vin blanc, une bouteille de colle de poisson bien fabriquée, est suffisante par demi-queue, ou tonneau. (1)

Plus les vins ont de liqueur, plus ils ont

peine à éclaircir ; car on est obligé de les coller et soutirer plusieurs fois pour les clarifier parfaitement.

Il est à observer que l'on doit mêcher un peu les vins blancs , chaque fois qu'on les soutire , afin de conserver leur blancheur.

Il serait convenable que les négocians ou marchands en gros vendissent leurs vins aux débitans , tels qu'ils les achètent , c'est-à-dire , sur factures , ou bien en cuvée.

Le marchand en gros , et de probité , peut livrer du vin potable , en se conformant à un prix raisonnable par pièce , comme je l'ai déjà observé , et le débitant agirait de même envers le public.

Cependant , si des marchands ont moyen d'acheter des vins dans les vignobles ou sur les ports , ils auront soin de se munir , pour les bas prix , de vins blancs de l'Orléanois , Blaisois , Touraine et Anjou , avec des gros noirs de Blois , ou autres de couleur. Ils en feront une cuvée égale ; ils se procureront six pièces fraîches , vides , y mettront le tiers ou moitié de bon vin blanc , puis un broc ou deux de rouge , dans chaque pièce , pour lui donner la couleur convenable : si on veut l'avoir encore meilleur , y ajouter 25 à 30 pintes (litre) du bas Languedoc , ou 20 de Roussillon ; ensuite coller. Dans les prix , plus hauts , l'on choisira , dans ses achats , les meilleures pièces, et l'on augmentera la qualité , en forçant par de bons vins chauds.

Pourquoi l'auteur *du parfait Vigneron* donne-t-il des recettes pour, soi-disant , ameillorer les vins par des drogues , pour rétablir la couleur , la donner à des vins blancs avec du tournesol , et autres ingrédiens ? Pourquoi n'a-t-il pas dit que différens marchands avaient la mauvaise industrie de rougir le vin blanc avec du baye de sureau , à l'exemple de plusieurs vinaigriers , pour colorer leur vinaigre ? Il n'observe pas que le vinaigre décline en couleur noirâtre par les chaleurs.

N'y a-t-il pas en France , des vins de couleur avec lesquels on peut rétablir ceux dont elle est tombée , ou affaiblir et rougir les blancs ? D'ailleurs les gros noirs des environs de Blois, les vins rouges du Cher , Touraine , Chinon , Arnaison , ont cette faculté ; cependant l'auteur du *parfait Vigneron* n'en parle pas.

Pourquoi donner le moyen d'imiter , par les drogues, le vin naturel ? La cupidité n'excite que trop les hommes à une fausse industrie, sans leur donner des lumières sur cette vile spéculation: la plupart des marchands forains dénaturent les vins qu'ils amènent à Paris, et les vendent pour les meilleurs crus.

Cet inconvénient n'arriverait pas, si les marchands veulent suivre le plan tracé par ce traité.

Ce qui a déterminé plusieurs marchands en débit à ne plus s'adresser à leurs confrères, c'est 1.° parce qu'ils les servaient mal : 2.° parce que ces mêmes marchands en gros, chez lesquels ils se fournissaient, vendaient en détail au même taux, et de meilleure qualité ; alors ces débitans ont pris le parti de tirer directement des vignobles, ou d'acheter sur les ports et à la halle aux vins.

Que les marchands de Paris suivent cet exemple, et les forains seront obligés d'amener à la vente des vins en nature.

Pour encourager les négocians et marchands en gros, qui ne détailleraient pas, il serait légal de les nommer de préférence aux charges des tribunaux de commerce : alors les marchands ne pourraient passer dans ces charges, tant qu'ils vendraient en débit ; mais il serait nécessaire que les Préfets de police fussent autorisés à mettre en vigueur les anciennes ordonnances, et que des visites fussent faites chez tous les marchands de vin, sur les ports et à la halle, par des gourmets, dégustateurs et commis de la police : quand ils trouveraient des vins gâtés ou mixtionnés, les confisquer ; et les contrevenans, condamnés à une amende, ou plus forte peine, si le cas y échet.

S'il arrivait que quelques pièces fussent futées ou moisies, soutirer le vin dans d'autres ; ensuite, prendre un citron, le piquer avec du giroflé ; mettre ce citron dans le tonneau, l'y attacher avec une ficelle pendant l'espace de vingt-quatre heures, ensuite le retirer avec précaution, crainte qu'en le pressant, le jus en sortît ; car le vin prendrait cette odeur.

Pour remédier au goût de moisi, il faut prendre deux ou trois poignées de bonne avoine, la brûler comme du café, mettre cette avoine dans la tonne, la remuer fortement, et ôter la bonde, jusqu'à ce que la fumée en soit évaporée ; au bout de quelque temps, coller ce vin, et deux ou trois jours après, le soutirer.

Quand le vin tire à l'amertume, faire usage du citron, comme il est dit plus haut : si c'est du vin monté en lie, poussé ou bouté, y mettre une ou deux betteraves rouges, coupées par tranche, les laisser dans la pièce une semaine au moins ; alors le vin deviendra potable. Pour le vin bésaigre , il n'y a pas de remèdes.

TRAITÉ sur les Eaux-de-vie.

LES personnes qui fabriquent les eaux-de-vie de vin , doivent avoir la précaution de faire essai des différentes espèces de vins qu'elles veulent employer.

Prétendre que ce ne sont pas les meilleurs vins à la bouche , qui rendent davantage , est une erreur ; car ils produisent plus que celui de meslier vert et de blancheton , et d'autres raisins qui forment un vin sec , quoique paraissant plus spiritueux. L'expérience prouve que des vins de la Sologne de Blois , encore en liqueur et beaucoup chargés de moût , ont rendu de l'eau-de-vie plus qu'on ne l'espérait. Il en est de même de la côte de la Chaussée-Saint-Victor, dont les uns , avec trois pièces et demie de vin , fournissent, dans certaines années , un tonneau de cette liqueur ; tandis que dans d'autres , cinq pièces du même territoire en produisent à peine une d'eau-de-vie.

Il est évident que plus les vins sont spiritueux , plus ils fournissent ; car , dans les années où le vin est vert, six sept , même huit poinçons et demi , ont à peine suffi pour une pièce d'eau-de-vie ; et la qualité n'en est pas la même , ni ne soutient pas sa preuve aussi long-temps que quand les vins sont bons.

Les vins de gros noir ne produisent que 28 à 30 pintes par demi-queue ; de leur nature , ils ne sont pas spiritueux : il est à présumer que cette espèce de raisin perd sa partie volatile de l'esprit qu'il renferme , dans la cuve où il séjourne : l'on doit conclure de-là que les vins rouges qui y restent long-temps , perdent aussi de leur partie spiritueuse. D'après ce principe , les vins rouges que l'on destine à former de l'eau-de-vie , doivent être mis tout simplement sur le pressoir , en sortant de la vigne , et presser le raisin aussitôt , afin d'en soustraire le jus : alors , l'on aurait de l'eau-de-vie en plus grande abondance et bonne : tel est l'usage en Champagne. Il n'en est pas de même pour les vins blancs.

Brûler des vins viciés ou gâtés , la liqueur en prend le goût ; quand on employe du bon vin , avec les précautions convenables , l'on fabrique d'excellente eau-de-vie. La preuve en existe par celles d'Andaye , Dantzick , de Cognac

Cognac et de Cette en Languedoc, qui sont de la première qualité. On peut aussi fabriquer des eaux-de-vie avec de la lie fraîche.

Quant à l'eau-de-vie que l'on distille avec le marc des raisins, elle est mauvaise, ainsi que celle de cidre ou poiré. Cependant, à l'aide d'un caramel, il en arrive dans Paris, malgré les défenses. Les falsificateurs ont poussé la cupidité, au point de fabriquer de l'eau-de-vie avec la mélasse, (égoûtures de sucre) et même avec du grain, liqueur très-malsaine.

Les eaux-de-vie de Larochelle et de Bretagne ont ordinairement un goût désagréable, qui tire sur le marécage : il y en a aussi, dans d'autres cantons, qui ont un goût de fumée ou d'acreté insupportable.

Les chaudières dont on se sert pour fabriquer les eaux-de-vie, sont rondes, dans la forme d'un étouffoir à braise de boulanger, mais beaucoup plus grosses ; elles tiennent plus d'une demi-queue, ou poinçon : on fabrique des fourneaux de chaque côté, et une cheminée double au milieu ; les chaudières sont posées à hauteur convenable, avec des ouvertures au bas des fourneaux, propres à y brûler du gros bois : on place, aux côtés des

D

fourneaux, deux grandes tonnes dans lesquelles
on met des serpentins, dont on fait sortir le
bout par le fond du tonneau ; au-dessous, sont
deux autres trous fabriqués en terre, où l'on
introduit des vaisseaux fabriqués exprès, avec
des fonds aux extrémités, et une ouverture
sur le fond de dessus, largeur d'un bondon,
pour recevoir la liqueur.

Quand le tout est bien préparé, avec des
ventouses aux cheminées, l'on charge, c'est-
à-dire, l'on défonce deux poinçons ; s'il est
sur sa lie, on la délaye bien avec le vin ; puis
on en verse une pièce dans chaque chaudière ;
lorsqu'elle est au quart vide, on y met un
chapiteau à long col, que l'on ferme hermé-
tiquement ; on y adopte ensuite le bout du
serpentin, et on remplit les tonneaux d'eau :
après ce, on chauffe les chaudières, pour faire
bouillir le vin ; l'on dirige la chaleur de manière à ne pas faire monter le vin avec les
esprits ; car il faudrait retirer le feu des fourneaux et déluter les chapiteaux, pour revider
ce que la grande chaleur aurait fait descendre,
par les serpentins, dans les récipiens.

Afin de prévenir cet accident, l'on a soin
de placer une tuile dans chaque ouverture ou
ventouse de cheminée, pour arrêter ou aug-

menter les progrès du feu. Par cette manière, les esprits montent au chapitean qui a une forme ronde , et ils redescendent par les serpentins, dans les récipiens. Comme la liqueur échauffe l'eau qui est dans les tonneaux , on a la précaution de la renouveler de temps en temps. Si les chaudières sont neuves ou nouvellement étamées, l'on a soin , avant de s'en servir , d'y faire bouillir de l'eau pour ôter le goût de l'étamure.

L'on prend garde si c'est l'esprit qui vient, ou la petite eau ; d'ailleurs , on se munit d'une petite jauge de bois , sur laquelle sont marquées les veltes que l'on pose de distance en distance, dans chaque récipient ; et l'on voit par là ce que l'on a déjà tiré. L'on a la précaution de mettre un pèse-liqueur dans les vaisseaux pour goûter et éprouver l'état de l'eau-de-vie. Quand tous les esprits sont venus, on laisse couler la petite eau en quantité suffisante, pour donner à cette liqueur son degré de preuve marchande. L'on introduit ensuite l'eau-de-vie dans des tonneaux bien rincés ; puis on laisse venir le restant de la petite eau. Après cette opération, on recharge les chaudières de deux autres pièces de vin , avec la petite eau, pour recommencer le même travail

D 2

dans la nuit suivante ; car les eaux-de-vie se fabriquent la nuit comme le jour.

Après avoir parlé de la manière dont se fabriquent les eaux-de-vie ordinaires, il n'est pas indifférent de s'entretenir de celles coupées au serpentin, des eaux-de-vie rectifiées, et de l'esprit de vin. Quant à l'eau-de-vie coupée au serpentin, elle se fait à la première opération, parce que les esprits venant les premiers, le bruleur examine le degré avec son pèse-liqueur, retire la bonne eau, et conserve la partie flegmatique pour une nouvelle opération. Pour perfectionner l'eau-de-vie, on en remet une pièce dans chaque chaudière, avec un feu tempéré, et l'on rafraîchit encore plus souvent ; l'on évite, par cette façon, le goût d'empirume. Quand cette eau-de-vie est au degré qu'on veut lui donner ; on la verse dans de bons tonneaux, et l'on réserve la petite eau pour s'en servir au besoin.

L'esprit de vin se fabrique comme l'eau-de-vie ; cependant, avec plus de précaution ; l'on a soin de graduer le feu avec beaucoup de prévoyance, attendu que les esprits s'enflamment plus promptement, et que, par conséquent, il est urgent de rafraîchir souvent, afin d'empêcher de monter la partie flegmatique ; car l'esprit de vin à son degré , brûle dans une culier d'argent , sans y laisser la moindre humidité : quand cette liqueur est à sa perfection , on la verse dans des pièces saines ; ensuite on laisse venir le flegme pour en faire l'usage mentionné ci-dessus.

Les marchands d'eau-de-vie ont plus d'avantage que ceux qui font commerce de vin , par la raison qu'en France et chez l'étranger , il y a beaucoup de vin de différentes qualités ; ce qui oblige le marchand à faire des voyages , ou d'avoir des commissionnaires de confiance , pour acheter les vins convenables à leur commerce.

Il en est autrement des marchands d'eau-de-vie ; car les qualités de cette liqueur ne varient point autant que celles des vins ; de manière qu'un marchand d'eau-de-vie en gros peut commercer en ce genre sans sortir de son cabinet. Il écrit à son correspondant de lui envoyer des eaux-de-vie de preuve et de bon goût, vieilles ou nouvelles , avec facture de la contenance de chaque pièce , distinguée par numéros ; si la marchandise est conforme à la demande, cela suffit. Si elle ne l'est pas, après avoir goûté la preuve qui est dans une fiole de verre blanc , que l'on remplit aux trois

3

quarts ; on frappe le fond de cette fiole dans la main ; ce mouvement occasionne à la liqueur des vésicules qui, à raison de leur grosseur et de leur durée, font juger que l'eau-de-vie est plus ou moins forte ; et quand ces vésicules ne se soutiennent pas, ou que le grain est trop fin, on la juge trop basse de preuve ; ce qui arrive communément aux vieilles eaux-de-vies, ou par le froid ; ensorte qu'on est obligé d'en mettre de la double pour la renforcer. Si c'est la faute du voiturier, il en paye les dommages.

On est maintenant dans l'usage de fabriquer des eaux-de-vie depuis 20, 25 jusqu'à 36, 40 et 45 degrés. On a établi des pèse-liqueurs avec lesquels on peut voir au juste leurs degrés. Cependant ces eaux de vie fortes et rectifiées, ont donné matière à la fraude, puisqu'il est certain qu'on ne peut les boire sans se faire du mal. Aussi les débitans réduisent cette espèce d'eau-de-vie au plus bas degré possible, avec de l'eau commune ; pour le détail journalier, ils y ajoutent un fort caramel ou autres drogues adoucissantes, pour la rendre supportable, mais elle conserve toujours une acreté qui prend à la langue.

L'eau-de-vie ordinaire est revêtue de son

flegme naturel qui renferme une substance , qu'il tient du vin naturel. Aussi les distillateurs préfèrent-ils une bonne eau-de-vie ordinaire à l'esprit de vin qui n'a de prise que sur les huiles.

Pour conserver les eaux-de-vie , l'on doit avoir soin de remplir les pièces et les bien bondonner ; ne point les mettre dans un magasin ni trop chaud , ni trop froid : 1.° parce que la chaleur la fait gonfler ; 2.° pour éviter la grande consommation ; car cette liqueur coûte beaucoup à entretenir , surtout quand elle est nouvelle. Ce n'est pas que l'eau-de-vie craigne les changemens de température , au contraire, plus elle vieillit , plus elle a de qualité , quand elle est bien fabriquée.

Il n'en est pas ainsi des eaux-de-vie rectifiées ou esprit-de-vin mitigé. Le commerce en a ressenti les effets ; et il est indubitable que les marchands ne reviennent de cette erreur.

Voici l'indication des principaux endroits où l'on fabrique les eaux-de-vie , les lieux où elles sont meilleures , les villes d'entrepôt de cette marchandise, et les différentes espèces de futailles.

Paris en reçoit de tous les pays ; les négocians et marchands en gros la vendent en pièces à raison de tant le setier, huit pintes ancienne mesure. Les prix varient selon la production plus ou moins grande de la vigne.

A Orléans, les eaux-de-vie sont en réputation ; l'on y en fabrique cependant que dans les années de grande abondance. A St. Marc, Marigny, Rebrechien, Checy et St. Jean-de-Braye, les vins rendent peu d'eau-de-vie, d'une qualité médiocre. D'ailleurs, cette ville n'étant qu'à trente lieues de Paris, on a la facilité d'y vendre ces vins bons ou médiocres ; de plus, la Beauce consomme une partie de ces vins, ce qui dispense de les convertir en eau-de-vie.

Néanmoins les négocians d'Orléans font un grand commerce en eaux-de-vie de différentes espèces, ils en tirent ordinairement de Blois, Amboise, Tours, Chinon, Saumur, Châtelleraut, Cognac et Larochelle. A Orléans, l'usage est de vendre cette liqueur à tant les 29 veltes et demie, en telles pièces qu'on desire, c'est-à-dire, en poinçon ordinaire, contenant 29 veltes et demie de fer. Cette jauge est numérotée de cinq en cinq, jusqu'à cent : chaque raié compte pour une velte ou setier. Si l'acheteur ne veut pas s'en rapporter au veltage, il choisit la velte creuse de cuivre, qui contient huit pintes, ancienne mesure. Il y a d'autres poinçons plus grands. On y trouve aussi des busses et des tierçons, qui contiennent depuis 50, 55, jusqu'à 70 veltes, et des pipes de 80, 90 à 100 veltes. Il faut remarquer que les bondes de ces pièces sont fort petites, qu'on introduit la velte de fer jusqu'aux extrémités des fonds, et qu'on appuie la jauge contre le bondon. Tout ce qui ne s'apperçoit pas, se compte : quelquefois il en résulte un débat entre le velteur, quand l'un soutient qu'une pièce porte d'un côté, en supposant 64, et que l'autre soutient qu'elle ne porte que 63. On a recours pour lors à un tiers.

Quand ce ne sont pas les marchands qui goûtent et veltent les eaux-de-vie, ce sont leurs commis ou des tonneliers. L'on remarque principalement la forme des pièces qui renferment cette eau-de-vie ; car il arrive que ces pièces ne contiennent pas, au dépotage, la quantité de liqueur qu'elles paraissent porter à la velte. L'on doit en conséquence examiner ; 1.° si la tonne est aussi ronde dessous et au côté, comme aux environs de la bonde : 2.° si la douve est dans son entière épaisseur : 3.° enfin, percer la maîtresse pièce du fond ; au bas de laquelle la velte de fer doit porter, afin de se convaincre si elle n'est pas trop mince.

Dans ce cas, l'on est en droit d'exiger le dépotage, afin de mesurer strictement l'eau-de-vie à la velte creuse.

A Blois, on était dans l'usage de construire les poinçons ordinaires, de 29 veltes et demie. Comme on en a reconnu l'abus, on introduit les eaux-de-vie dans des pièces qui ont même jauge que celles dont on se sert pour les vins. L'on doit cependant remarquer la façon des futailles, goûter la liqueur, vérifier sa preuve et son degré. Après avoir mesuré avec la velte de fer, si le poinçon contient plus que la jauge ordinaire, on paye l'excédent. Afin de s'y reconnaître, quand les pièces sont iné-gales, on les numérote, et l'on inscrit sur un carnet ; tel n.º porte tant de veltes.

La voiture, par terre, varie ; elle est de 15 à 16 liv. par pièce, pour Paris ; et le re-liage est de 20 à 25 sous pour chacune.

A Amboise et en Touraine, les eaux-de-vie sont à-peu-près comme celles de Blois ; on les met aussi en même jauge que le vin, mais les pièces sont plus fortes ; on paye l'excé-dent, parce qu'elles se vendent aussi à raison de 29 veltes et demie : le reliage est au même prix qu'à Blois et Orléans , on peut voiturer ces eaux-de-vie par eau. Si l'on n'en a pas une grande quantité ; on trouve des mariniers qui les conduisent au port d'Orléans , moyennant quarante ou cinquante sous par poinçons ; mais, si on desire les avoir à jour fixe , on paye double : alors , on adresse cette marchandise à un commissionnaire d'Orléans , qui la fait expédier par terre jusqu'à Paris , ou tel endroit que l'on veut, au cours du Martroy pour la voiture , suivant l'éloignement.

A Chinon, les eaux-de-vie sont dans des tonnes nommées Busses, qui contiennent 50 , 55 à 60 veltes ; cette liqueur est d'une assez bonne qualité ; on la vend à raison de 29 veltes et demie : on fait usage de velte de fer , conformément aux endroits dont on a parlé précédemment. Ces pièces sont plus grosses que longues , avec un petit bondon ; On observe les mêmes règles qu'à Orléans , pour le veltage. L'on embarque ces eaux-de-vie sur la Loire ; il en coûte de voiture jusqu'à Orléans , et jusqu'à Paris , par le canal , 10 à 12 liv. par pièce. On trouve des occasions pour les faire venir à Orléans , moyennant un prix modique , et de-là par terre jusqu'à Paris.

A Saumur, il n'y a en majeure partie que des eaux-de-vie d'Anjou ; les pièces qui les renferment, sont plus grosses que longues, de la contenance de celles de Chinon, mais plus mal construites ; ces eaux-de-vie sont bonnes ; on les vend à raison de 29 veltes et démie ; l'on se sert de la velte de fer, et généralement l'on observe les mêmes formalités qu'à Chinon.

A Châtelleraut, est le dépôt des eaux-de-vie du Poitou, de la Saintonge, Cognac et le pays d'Aunis ; on en tire même de Larochelle ; mais les meilleures sont de Cognac. Dans ces endroits, les tonnes d'eau-de-vie, sont longues ; on les nomme tierçons, et pipes : les tierçons contiennent depuis 55, 60 à 70 veltes ; et les pipes, de 80, 90, 95 à 100 veltes. Toutes ces pièces sont bien construites et fort avantageuses au dépotage ; elles ont aussi des petites bondes : l'usage est de vendre à la velte de fer, sur le pied de 29 veltes et demie. L'on s'adresse, si l'on veut, aux commissionnaires de l'endroit, moyennant deux et demi pour cent. Ordinairement, on voiture ces eaux-de-vie par eau ; on les embarque à l'île Bouchard, pour descendre dans la Loire, d'où les bateaux remontent directement pour

Orléans, ou par le canal, pour Paris. On fait aussi venir de ces eaux-de-vie, par mer; elles débarquent à Rouen, où l'on en vend aussi.

En Languedoc, on y fabrique d'excellente eau-de-vie. Le dépôt est à Cette. Les pièces sont comme celles à l'huile de Provence; on vend ces eaux-de-vie à la preuve de Hollande: on les fait venir par mer jusqu'à Rouen; mais en temps de guerre on les embarque sur le Rhône, ou on les voiture par terre, ou par eau, jusqu'à Paris.

Les eaux-de-vie d'Andaye et de Dantzick sont très-bonnes, quand on les vend en nature. Comme ces liqueurs sont chères, il en arrive fort peu à Paris.

De l'Épicerie. — Les eaux-de-vie font une des principales branches de ce commerce.

Le sucre tire son origine d'un roseau à-peu-près semblable à celui qui croît en France. Ce roseau a de hauteur 5 à 6 pieds, et deux pouces de circonférence. Il est divisé par plusieurs nœuds distans les uns des autres : la tige pousse de longues feuilles vertes, étroites, aiguës, et garnies aux extrémités de petites pointes fines : ces feuilles forment des touffes au milieu desquelles s'élève la canne chargée dans son sommet d'un panache qui renferme la semence.

Ce roseau vient presque sans culture dans les îles Antilles, Canaries, etc.

Quand la canne de sucre paraît mûre, on la froisse, on en tire la moelle ; et, après l'avoir lavée dans de l'eau chaude, on filtre cette eau, on la met sur le feu, et on la fait évaporer jusqu'à siccité : ce qui reste au fond de la chaudière, d'une couleur brune et grise, est la première préparation du sucre. On la fait fondre de nouveau dans de l'eau de chaux ; et on recommence l'évaporation jusqu'à siccité. Les créoles appellent le résidu, moscovade grise.

On fait encore fondre cette moscovade dans de l'eau de chaux ; on réitère l'évaporation ; et le résidu s'appelle cassonade : sous cette forme, le sucre est encore loin de sa per-fection, parce qu'il conserve une trop grande quantité d'huiles essentielles, qui le rend gras et incopacte. Pour le dégraisser, on fait fondre de la cassonade dans l'eau de chaux, ensuite bouillir, et on l'écume. Après cette cuisson, on jette la matière en fusion dans des moules en forme de cône renversé, et dont la pointe est percée par le bas, pour laisser écouler la partie la plus glutineuse : c'est ainsi que l'on reçoit le sucre de l'Amérique et des raffineries de France. Celles d'Orléans passent pour les meilleures ; on y fabrique des pains de sucre de différentes grosseurs, du royal, du petit-deux ; et du grand, de trois, de quatre et de sept. Ces deux dernières qualités sont la même. On fait une différence de cinquante sous par cent, du deux au trois, et cinquante sous du trois au quatre : le deux et le trois sont ordinairement garnis en papier bleu, et l'autre en blanc : le blanc est le plus sain et le meilleur.

On vend le sucre, dans les raffineries, à six mois de terme, et en payant comptant, à charge d'escompte, avec le trait. La voiture varie ; l'on paye communément, pour Paris, 25 à 30 du cent pesant. Il y a aussi de la cassonade de différens prix et qualités, à proportion de la blancheur.

Le sucre est excellent pour les maux de poitrine et de poumon, parce qu'il atténue et incise les flegmes ; comme le sucre est sujet à exciter les vapeurs, on ne doit l'employer qu'avec prudence, surtout dans les indispositions histériques.

— *Du Café.* Pour avoir du café de la

bonne espèce ; l'on choisit le plus petit et le plus rond, que l'on sème ; et, au bout de deux ans environ, on transplante ces arbrisseaux qu'on a soin d'aligner et de placer de distance en distance ; quand ils s'élèvent par trop, on taille les branches gourmandes. Cet arbre viendrait à hauteur de six et même douze pieds ; mais on ne le laisse pas croître, parce qu'en le taillant tous les ans, il s'étend davantage et rapporte plus de fruits. Communément on le laisse monter jusqu'à quatre, cinq pieds, et autant de circonférence. Cet arbre n'est en bon rapport que huit à dix ans. Le bois en est fort tendre ; son écorce est blanchâtre, un peu raboteuse ; sa feuille approche de celle du laurier, mais moins pointue. Les fleurs sont blanches et ressemblent beaucoup à celles du jasmin ; l'odeur en est très-agréable, et le goût amer ; chaque fleur produit un fruit très-vert d'abord, qui devient rouge en murissant, et ressemble à une grosse cerise ; alors il est fort bon à manger ; il nourrit et rafraîchit. Sous la chair de cette cerise, on trouve, au lieu de noyau, une fève que l'on nomme café, et qui est enveloppée d'une pellicule très-fine.

Cette fève est alors extrèmement tendre, et son goût assez désagréable ; mais à mesure

que

que cette cerise mûrit, la fève qu'elle renferme devient insensiblement plus dure. Enfin,
le soleil ayant tout-à-fait desséché ce fruit
rouge, sa chair que l'on mangeait auparavant,
devient une baie de couleur fort brune ; c'est
l'écorce extérieure du café. La fève est plus
solide et d'un vert clair ; elle nage dans une
sorte de liqueur épaisse, noirâtre et très-amère.
La baie attachée à l'arbre par une queue courte,
est un peu plus grosse que la baie de laurier. Chaque baie contient une fève qui se
divise en deux moitiés convexes, d'un côté
plate, de l'autre avec une rainure dans toute
sa longueur.

La récolte du café pourrait se faire en tout
temps ; mais les arabes choisissent volontiers
le mois de mai ; quand ils veulent faire leurs
cueillettes, ils étendent de grandes pièces de
toile sous les arbres : en les secouant, le café
mûr se détache et tombe : on le met dans
des sacs pour le transporter : on en forme
des monceaux sur des nattes, afin qu'il sèche
au soleil ; étant bien sec, on passe sur les baies
des boulons de pierre, qui les écrasent ; on
vanne ensuite le tout, et le café est dans sa
perfection.

Depuis que le café a été transplanté dans

E

les nouvelles cultures de l'Amérique, il est devenu fort commun ; mais il s'en faut qu'il soit tout d'une qualité égale ; conséquemment, il suppose du choix ; le meilleur est toujours celui qui croît dans le royaume d'Yemen, dans l'Arabie-Heureuse, et aux environs de Sennar, de Galbani et de Bethelsaki, trois villes des montagnes. Celui d'Oudet, petit canton, est le plus renommé par les Orientaux. On lui donne en France le nom de Moka, non pas qu'il y croisse ; car il n'en croît point aux environs de cette ville ; ou bien, s'il en vient, il est aussi mauvais que celui des îles de l'Amérique. On a donné le nom de Moka au café de Bethelsaki, parce qu'en 1709, une compagnie de français, sous la conduite du capitaine Merville, a commencé à faire le commerce du café dans la ville de Moka, où résident les courtiers des Indes, pour l'achat de cette marchandise.

Après le Moka, celui du Levant est le meilleur ; il est vert, plus pesant et d'un goût agréable. Celui de la Martinique est d'un gris cendré ; ses grains sont petits. Le café Bourbon est d'une belle espèce, et très-menu. Il paraît toujours frais et vert ; enfin, son apparence charme plus que celle du Moka. Les connaisseurs même s'y trompent quelquefois.

Voici comment on distingue le Moka : Parmi les grains, il s'en rencontre qui sont écornés, d'une couleur blanche, un peu jaunâtre. Quant au Bourbon, ses grains sont toujours entiers : il arrive dans des balles couvertes d'une espèce de natte construite avec des feuilles de palmiers. En le brûlant, il s'enfle très - peu, au lieu que les autres espèces s'ouvrent à la fente qui semble partager le grain.

Le café Saint - Domingue et celui appelé Javac, sont les plus communs, d'une forte espèce et du plus bas prix. Les Distillateurs se servent de cette graine pour fabriquer une liqueur qu'ils appellent huile de café.

L'usage du café fertilise la mémoire, facilite l'imagination, calme les maux de tête, etc. Mais ces propriétés n'ont d'empire qu'autant qu'on le prend avec modération.

Du Thé. — On ne trouve cette plante que dans quelques provinces de la Chine, du Japon et de la Tartarie ; encore n'y est-elle pas, dans ces endroits, d'une égale bonté. La différence en est si grande, dit *Cosmographe*, qu'il y a tel thé qui ne vaut à la Chine qu'une obole la livre, tandis que d'autres se vendent deux pièces d'or et plus. Celui

que les Chinois estiment davantage , croît dans
la province de Kieng-Nea , aux environs de
la ville de Hoei-chen : c'est un arbrisseau dont
la tige se partage en plusieurs branches ; sa
feuille ressemble à celle du sumak ; ses fleurs
commencent à paraître vers la fin du mois de
mai ; elles sont de couleur blanche , tirant sur
le jaune , dont l'odeur est agréable ; à cette
fleur , succède une baie composée de trois
capsules , verte au commencement , et presque
noire quand elle entre en maturité.

Les Chinois préparent les feuilles de thé
avec des soins extrêmes ; ce sont ces feuilles
qui leur servent à faire cette boisson célèbre
que nous appelons thé. Ils les cueillent lorsqu'elles sont encore tendres ; d'abord, ils les
présentent au feu , dans un instrument qui ne
sert qu'à cet usage : les feuilles ayant acquis
un certain degré de siccité , ils les roulent,
chacune séparément sur elle-même ; ils les
présentent encore au feu , et les roulent de
nouveau, jusqu'à ce qu'elles soient parfaitement sèches : étant préparées de la sorte, ils
les conservent dans des boîtes d'étain.

Les Orientaux font un grand usage de thé ,
et cet usage s'est répandu en Europe , mais
plus particulièrement en Hollande, en An-

gleterre , et dans les pays septentrionaux.

Le thé impérial est le meilleur ; et, à son défaut, le thé vert.

De la Canelle.—Les anciens ont connu cet aromate sous le nom de *Cinamonum,* qui veut dire , bois aromatique de la Chine , parce que les Chinois en ont fait le commerce les premiers: ils allaient en faire la traite dans l'île de Ceylan, et transportaient ensuite cette marchandise à Ormus, où les négocians d'Alep , après s'en être fournis , la répandaient, par la Grèce , dans toutes les parties de l'ancien continent.

Depuis la découverte des Indes par les Portugais , la canelle n'est plus si rare , ni si chère ; elle la serait beaucoup moins encore , si les Hollandais , jaloux de cette branche de commerce , dont ils sont les seuls possesseurs , n'avaient eu la précaution de détruire presque partout l'arbrisseau qui le produit. Ils n'en ont réservé la culture que dans l'île de Ceylan. La canelle se fabrique avec l'écorce d'un arbre grand comme l'olivier ; ses feuilles sont très-vertes et d'une moyenne largeur , mais longues , semblables à-peu-près à celles du laurier royal : sa fleur est blanche et d'une odeur agréable : le fruit ressemble fort à l'olive ; quand il rembrunit , il annonce qu'il est temps de lever l'écorce de la canelle. Ce fruit est rempli d'une liqueur amère, piquante, et qui a l'odeur du laurier. La tige porte deux écorces : la première n'est d'aucun usage, la seconde seule est précieuse ; c'est ce que nous appelons, proprement, canelle ; elle est originairement grise et peu odorante ; elle ne devient rougeâtre, aromatique, qu'après avoir été séchée au soleil.

La canelle n'est pas le seul produit de cet arbrisseau : toutes ses parties ont leur utilité ; dans l'Inde, on tire de sa racine, une huile jaune d'une odeur suave, mais qui s'évapore aisément à cause de sa volatilité. On en tire aussi une espèce de camphre très-blanc, et plus estimé que le camphre ordinaire. L'huile qu'on exprime des feuilles sent le clou de girofle, et son fruit fournit une espèce de suif dont on prépare des chandelles odoriférantes, à l'usage des Orientaux qui ont le moyen de s'en procurer.

Il y a une autre espèce de canelle beaucoup inférieure à celle dont il vient d'être parlé, connue sous le nom de *Cassea-lignea*. Cette plante croît en Chine, dans les provinces de Quanton, Quangsi, Autonguin ; dans les îles Philippines, dans le Malabar, etc. Les droguistes l'appellent canelle matte ; son écorce est épaisse ; et, quand on la mâche, elle devient mucilagineuse.

Du Girofle. — Le clou de girofle est ainsi nommé, parce qu'il ressemble véritablement à un clou : c'est la pellicule ou le commencement d'un fruit qui croît dans les îles Moluques. L'arbre qui le produit n'exige aucune culture ; il est grand comme un laurier ordinaire ; sa feuille ressemble beaucoup à celle du saule ; mais elle a l'odeur et le goût du girofle ; les fleurs paraissent d'abord blanches ; ensuite elles deviennent vertes, et commencent à jeter une odeur agréable. Approchant de la maturité, elles deviennent rousses ; on les cueille alors, et on les fait sécher au soleil, où elles prennent la couleur brune foncée. Les fleurs qui restent sur l'arbre, ne tardent pas à se nouer, et forment un fruit de la grosseur et de la forme d'une olive ; on les confit dans le pays ; on les nomme en Europe au-lophylli ; en France, mère-girofle, ou clous-matrices.

Quand ces jeunes fruits sont en maturité parfaite, ils se détachent de l'arbre ; étant tombés dans la terre, leur germe se développe avec une extrême facilité. On voit alors paraître des arbrisseaux fort faibles ; mais, en moins de huit ans, ils atteignent leur croissance.

Tous les clous de girofle n'ont point la même qualité ; les meilleurs sont noirs, pesans, très-odorans, d'une saveur piquante, et remplis d'huile ; ce qui est facile à connaître, en les pinçant par la queue.

Du Macis. — C'est encore une production des Indes orientales, dont on recommande fort l'usage. Le Macis est la seconde écorce de la noix muscade ; et la muscade elle-même est un fruit produit par un arbre de la grandeur d'un poirier : il est originaire des îles Moluques, comme le giroflier ; mais le plus beau se trouve dans les îles de Bintan.

Ce fruit est composé de deux enveloppes et d'un noyau ou amande. La première est épaisse et charnue comme celle d'une noix commune : la seconde est mince et tendre ; elle couvre immédiatement la muscade comme un réseau, et s'en sépare dans sa maturité, après que la première écorce est ouverte et tombée. C'est cette deuxième écorce qu'on nomme macis, ou improprement, fleur de muscade ; elle est d'un jaune rougeâtre et oranger, d'une odeur agréable, et fournit une huile excellente pour les douleurs et les tumeurs des jointures ; l'amande qui occupe le centre de ce fruit, est la muscade dont on se sert communément pour assaisonner les viandes.

Les Indiens font confire ce fruit avec les enveloppes, comme nous faisons des noix ; mais elles sont dangereuses ; car ceux qui en mangent avec excès, tombent dans des assoupissemens léthargiques. Le macis est cordial ; il fortifie l'estomac et dissipe les vents.

Du Poivre. — Le poivrier est un arbrisseau divisé en deux espèces, mais à-peu-près de la même grandeur ; il ressemble au laurier ; ses feuilles sont longues et étroites ; ses fleurs sont très-petites et jaunes ; son fruit forme des petites grappes de quatre à cinq grains ; les uns sont blancs, les autres bruns ; ils augmentent en couleur en se desséchant à l'ombre : les bruns deviennent noirs ; les blancs deviennent gris : on les recueille aux mois de juin et septembre. Le poivre vient des îles Moluques ; le meilleur est celui dont le grain est plein et blanchâtre.

De l'Olivier. — L'olivier est un arbre extrêmement touffu ; les feuilles ressemblent au saule, d'une forme ovale, pointue par les deux bouts, et conserve sa verdure : sa fleur est blanche et précoce : les olives sont toujours vertes ; on les récolte en décembre et au commencement de janvier. Quand on veut faire de l'huile-vierge, on cueille ce fruit, on le met sur le pressoir ; et pour la fine ou demi-fine, on laisse fermenter les olives pendant quelques jours, avant de les porter au pressoir.

Les meilleures qualités d'huiles viennent d'Aix, Lambesc, Manorque, Arles, Solon, Saint-Ganat, Port-Maurice. Celles qui sont récoltées le long de la rivière de Gênes, ne conviennent que pour les savoneries de Marseille.

Ces huiles viennent en grosses et demi-pièces, garnies de cerceaux de bouleau ; celles de Port-Maurice sont plus longues, reliées en bouleau, et garnies de quatre cerceaux de fer : ces tonnes pèsent jusqu'à 15 cents livres.

Les huiles d'Espagne ne valent pas celles de Provence et de Languedoc.

Quand l'huile est nouvelle, elle a toujours un goût de fruit, mais elle est légère sur la langue ; quand elle est trop vieille, ce goût se perd, elle devient grasse et perd de sa qualité.

Pour savoir si, dans l'huile d'olive, il n'y

a pas un mélange d'huile blanche, dite d'œillet ; il faut en verser dans une fiole de verre, à-peu-près aux deux tiers, et la remuer ; alors, lorsqu'il s'y forme des vésicules, c'est une preuve qu'elle est falsifiée.

Du Savon. — Les bons savons se tirent de Gènes et de Marseille. Il y en a de plusieurs espèces. Du blanc en tablettes ; du marbré en pain, et du noir qui est presque liquide. L'huile et la potasse sont la base des savons ; plus celui en tablette est blanc et sec, plus il a de qualité ; il en est de même du marbré ; mais il faut que le dessus soit rayé de rouge, et le dedans veiné d'un beau bleu. Ces savons arrivent ordinairement dans des caisses de bois de sapin, et le savon noir, dans des tonneaux fabriqués exprès.

La soude et la potasse viennent des îles ; il y en a de différentes espèces ; il s'en fabrique en France ; mais elles n'ont pas la même qualité.

L'indigo vient aussi des îles ; le cuivré est le meilleur ; l'on s'en sert pour les couleurs bleues, et pour les pierres bleues à l'usage des blanchisseuses.

Du Coton. — Le coton vient en Afrique, en Amérique et dans l'Inde. Les ronces de ces pays les produisent sans culture ; elles fleurissent ; après cette fleur , il s'y forme une coque à-peu-près comme celle du ver à soie , et cette coque rend du coton. Le plus estimé est celui de Baza et de Jérusalem. On sait que plus il est blanc et fin, plus il a de valeur.

Ratafia de fruits rouges.

Ce ratafia est le supplément aux liqueurs. Beaucoup de personnes croient le faire parfaitement, et cependant il est rare que deux recettes se ressemblent. Pour former du bon ratafia, il faut attendre que les fruits qui doivent former sa composition , soient bien murs ; alors l'on prend six livres de grosses cerises, trois livres de framboises, autant de fraises et de groseilles ; deux livres de mérises , une livre de guignes : après avoir épluché ces fruits , on les laisse reposer dans leur jus , cinq à six heures au plus, dans un lieu frais, crainte qu'ils ne fermentent : ce temps expiré, l'on en exprime le jus à travers un gros linge, dont le tissu ne soit pas fort serré ; l'on verse, sur chaque pinte de ce jus , une pinte d'eau-de-vie ; et sur chaque pinte de ce mélange , quatre onces de sucre rapé. Ayant bien remué le tout, si le produit de la liqueur est de six pintes, on y ajoutera deux onces d'amandes amères concassées, quatre clous de girofle, deux gros de canelle, un demi-gros de macis, autant de poivre blanc; s'il y a une plus grande quantité de liqueur, on augmente la dose de ces ingrediens en proportion; voici la régle générale :

L'infusion étant préparée, bien boucher les vases avec du liège que l'on couvre d'une feuille de parchemin mouillé et plié en double, l'assurer avec de la ficelle; ensuite, exposer ces vases au soleil pendant six semaines ou deux mois; avoir soin de les remuer deux ou trois fois par jour : l'on conservera cette infusion jusqu'à la mi-octobre ou au commencement de novembre; pour lors l'on peut passer cette liqueur à la chausse.

Les arbres qui produisent les fruits dont il vient d'être parlé, sont tellement connus, qu'il est inutile d'en faire ici la description : cependant, comme ces fruits sont naturellement rafraîchissans, on serait dans l'erreur de croire que le ratafia qui en résulte doit avoir le même effet. Cependant, s'il n'a pas l'avantage d'améliorer la santé, il est néanmoins constant qu'il ne l'altère point.

— *Vins de cerises*. Après avoir observé que le sel essentiel de la cerise possède la même qualité que celui du raisin, c'est-à-dire, que le feu central de l'un et l'autre de ces fruits, mis en actions, raréfiait les particules d'huile et les exaltait en esprits, il paraît certain, qu'au moyen d'une bonne fermentation, on parviendrait à faire, de la cerise, un vin naturel aussi bon que celui qu'on exprime du raisin.

Pour parvenir à ce but, il faut faire choix d'une quantité de cerises parfaitement mures, sans cependant l'être trop ; y ajouter un tiers de framboises ; ôter de ces fruits, ceux qui sont verds, moisis ou gâtés ; jeter le tout dans une petite cuve ou baquet de grandeur convenable et garni par bas d'un robinet, écraser ces fruits comme l'on foule le raisin dans la cuve, couvrir ce baquet d'un linge : en laissant ces fruits en repos pendant quelques jours, ils ne tarderont point à fermenter ; si la fermentation paraît trop lente, fouler encore une fois ou deux, tout au plus, et elle sera excitée autant qu'il est nécessaire. L'on fera seulement attention que, si la température de l'air est excessivement chaude, il faudra placer le baquet dans la cave ou dans un lieu frais ; car, sans cette précaution, les fruits pourraient tourner à l'aigre, et seraient perdus.

Aussitôt que la fermentation exhalera une odeur vineuse et agréable, il sera temps de tirer le vin : on le mettra dans un petit tonneau ou dans de grandes cruches : l'on pourra pressurer le marc, comme on pressure celui du raisin. Après avoir versé ce vin dans des vaisseaux convenables, ne les point boucher, afin de lui laisser jeter tranquillement son feu ; quand il ne fermentera que faiblement, couvrir ces vases avec des feuilles de vigne, que l'on recouvrira encore avec du sable de rivière. On laissera ce vin en repos jusqu'a la fin de l'été ou la mi-automne ; à cette époque, le soutirer et le mettre en bouteille. Pour que ce vin ait encore plus de qualité, après avoir debondonné à la mi-automne, réserver le soutirage au mois de mars ou d'avril, alors l'on sera sûr d'avoir un vin bien déposé de sa lie, d'une couleur charmante et d'un goût agréable.

Kerschwvaser. — Avec la cerise, on fabrique une eau très-spiritueuse, qui se pratique avec succès en Franche-Comté, en Alsace, en Allemagne, et dans tous les pays à bois, où la mérise est abondante. **On nomme cette eau *Kerschvvasser*.**

Pour fabriquer cette eau, l'on prend une quantité quelconque de cerises ou mérises (ces dernières sont préférables) ; on les laisse fermenter ; là fermentation étant à son degré, l'on se munit d'un alambic à eau-de-vie, garni de son serpentin et de son réfrigérant ; l'on jette pêle-mêle marc et jus dans la curcubite que l'on emplit jusqu'aux deux tiers et pas plus : l'on distille à feu ouvert et au fort filet, jusqu'à ce qu'il ne sorte que du flegme, ce qui est facile à connaître en versant lentement, sur la tête-de-more de l'alambic, la dernière liqueur sortie, et en présentant à la vapeur un papier allumé ; si le feu prend, l'on doit continuer la distillation : si au contraire, il ne prend pas, conclure de-là qu'il n'y a que du flegme ; alors démonter l'alambic, jeter ce qui se trouvera au fond, et remplir de nouveau, comme précédemment, et jusqu'à ce que l'infusion soit épuisée. Après cette opération, l'on recueille tout ce qui a été extrait de l'eau spiritueuse : elle sera chargée de beaucoup de flegme ; pour la rectifier, on la versera dans la curcubite d'un alambic ordinaire, et l'on distillera au filet médiocre,

pour

pour lors, le kerschwaser sera à sa perfection. Cette eau, nouvellement fabriquée, est
extrêmement forte, et d'un goût désagréable;
elle devient passable quand elle est vieille.
Nouvelle ou vieille, on en conseille l'usage,
parce qu'elle est souveraine pour les indi-
gestions.

On peut, par la méthode qui vient d'être
relatée, fabriquer des eaux spiritueuses de
fraises et de framboises.

Recette du ratafia fin, aux fruits rouges.
—Pour fabriquer avantageusement ce ratafia,
il faut faire usage de beaux et bons fruits,
qu'ils soient dans leur parfaite maturité, et en
extraire les queues; écraser ces fruits, les
laisser infuser, afin de forcer la couleur qui
existe dans la peau de la cerise, à se mêler
avec le jus. Deux ou trois heures d'infusion,
ou tout au plus, du soir au matin, suffisent;
alors l'on pressure ce jus, puis l'on y met du
sucre à proportion; ensuite l'on passe cette
liqueur à la chausse: quand elle est clarifiée,
on y introduit l'eau-de-vie; voilà la meilleure
manière et la plus économique; car, si on
versait l'eau-de-vie dans l'infusion, sans en
avoir extrait le marc, il en attirerait une partie
et diminuerait sa force.

F

Comme il est nécessaire de donner de la chaleur à ce ratafia par les épices, on les préparera ainsi qu'il suit :

Mettre dans une pinte d'eau-de-vie, quatre fois autant de canelle que de macis ; et du macis, quatre fois plus que de girofle ; distiller cette eau à l'alambic ; et de cet esprit épicé, assaisonner sur-le-champ le ratafia au degré que l'on juge nécessaire ; et, de ce moment, il est bon à boire ; pour le perfectionner, on peut le mettre en cave.

Afin de proportionner les différentes matières qui composent ce ratafia ; l'on mettra, pour douze livres de cerises, deux livres de merises, une livre et demie de framboises, une livre et demie de fraises. L'usage, pour le sucre, est de quatre onces pour une pinte de jus, le faire fondre et le passer à la chausse ; à ce jus, y ajouter deux pintes au plus d'eau-de-vie.

Pour former une pinte d'esprit épicé, il faut une once de canelle, deux gros de macis, et un gros de clous de girofle.

Recette du ratafia fin et sec. — Prendre trente livres de cerises, trente livres de groseilles, dix livres de mûres, sept livres de framboises : après avoir bien choisi et épluché ces fruits, les écraser, et donner à ce mélange trois heures d'infusion, ou une journée au plus, pour que la couleur puisse pénétrer dans la liqueur ; presser ce mélange pour en exprimer le jus, et le mesurer ; ajouter par pinte de cette liqueur, trois onces de sucre ; quand il sera fondu, le passer à la chausse : quand le jus sera clarifié, si la quantité monte à vingt pintes, on y ajoutera douze pintes et chopine d'eau-de-vie ; c'est-à-dire, une chopine et demi-poisson, pour chaque pinte de jus. Pour l'assaisonnement, se régler sur le plus ou moins de jus ; et pour les épices, se conformer à la recette précédente.

Du ratafia commun. — La groseille et la cerise étant la base de ce ratafia, l'on prendra dans ces deux espèces, ce qu'il y a de plus commun, mais sans être gâtés ; l'on écrasera ces fruits, et on les laissera fermenter pendant trois jours au moins, afin de lui donner un peu de corps. Comme il est nécessaire que ce ratafia ait de la couleur, on y mettra une bonne quantité de mérises.

On aura soin de le passer à la chausse ; cette opération faite, y mettre du sucre, l'en-

tonner de suite ; alors ce ratafia se perfection-
nera de lui-même.

Recette pour le ratafia mêlé. — Pour un
muid de ratafia mêlé, prendre environ quatre
cents cinquante livres de cerises communes,
à-peu-près deux cents vingt-cinq livres de groseilles, et cinquante livres de mérises très-
noires; avoir attention que tous ces fruits soient
murs et point altérés. Si la tonne contient 300
pintes, y introduire 250 pintes de jus, et la
remplir avec 50 pintes d'eau-de-vie, après
toute-fois y avoir fait fondre le sucre nécessaire.

Il faut, pour cette quantité de ratafia, cin-
quante-six livres de sucre, c'est-à-dire, 3
onces par pinte de liqueur ; et une pinte d'eau-
de-vie, pour cinq de jus.

L'on doit avoir la précaution de goûter ce
ratafia une fois par mois, au moins, afin d'y
porter remède, s'il venait à dégénérer.

Dans ce cas, on y introduirait quelques
pintes d'eau-de-vie, pour arrêter les progrès de
la fermentation, qui est le premier accident :
ensuite, pour le renouveler, faire usage du
même fruit dont on s'est servi pour le fabri-

quer , en observant d'y mettre moitié plus de mérises et d'eau-de-vie , qu'auparavant.

La mérise est pour rétablir la couleur perdue , et l'eau-de-vie pour rendre la force à la liqueur qui s'est affaiblie pendant l'année.

S'il reste , par exemple , quarante pintes de ratafia , il faut y ajouter dix pintes de la nouvelle liqueur , ainsi de suite , par même proportion ; et huit jours après , l'ancien ratafia aura la même qualité que le nouveau.

Du ratafia de muscat. — Ce ratafia est un des meilleurs : il faut , pour le fabriquer , choisir du muscat parfaitement mur , et nouvellement cueilli. S'il s'y rencontre des grains gâtés , avoir soin de les ôter : séparer aussi les bons grains , de la grappe , et les mettre , à mesure qu'ils sont épluchés , dans des vases propres , dans lesquels on les écrasera ; car , si on laissait ces grains après la grappe , le jus prendrait un goût d'acreté qui altérerait le ratafia. Ces grains étant donc détachés et écrasés dans les vases à ce destinés , en exprimer le jus , en les pressant dans un linge blanc et fort ; ensuite le passer à la chausse ; dès qu'il le sera , y joindre le sucre : ce sucre étant fondu , y mettre de l'eau-de-vie, ou de l'esprit-de-

3

vin. Quant aux épices qui doivent servir à l'assaisonnement de ce ratafia, distiller simplement du macis à l'eau-de-vie, selon la recette suivante.

Si l'on veut que le ratafia soit rouge, choisir dn muscat de cette couleur, qui tire sur le noir : après que ses grains seront écrasés, les laisser fermenter à découvert pendant douze heures, avant de les presser, afin que la couleur naturelle de la peau puisse pénétrer dans le jus : pour le reste, se conformer aux recettes des ratafias rouges.

Recette simple. — Si la quantité de jus muscat est de vingt pintes, il faut y ajouter quatre-vingt-dix onces de sucre, (cinq livres dix onces) dix pintes d'eau-de-vie ; et de l'esprit au macis et à la muscade, ce que l'on croira nécessaire.

Recette double. — Dans vingt pintes de jus, il faut y ajouter quinze livres de sucre, dix pintes d'esprit-de-vin ; et de l'esprit de macis et à la muscade, une quantité suffisante pour le parfait assaisonnement.

Ratafia de noix. — La noix est, de tous les fruits, le plus ingrat à employer. On la confit avant qu'elle soit en maturité : il faut, pour s'en servir, qu'elle ne soit pas plusgrosse avec son écorce, que la noix dépouillée de la sienne, lorsqu'elle est mure.

Quand on a cueilli ces noix, on les fait blanchir dans l'eau bouillante ; à mesure qu'on les retire, on les dépose dans l'eau fraîche, où on les laisse pendant vingt-quatre heures, et on la renouvelle, ainsi de suite, pendant huit jours ; après ce temps on retire les noix ; on en pique quelques-unes de clous de girofle ; et les autres, de lardons d'écorce de citron : on fait infuser ces noix, dans l'eau-de-vie, l'espace de six semaines ; ensuite on les retire.

Recette pour le ratafia de noix. — Prendre mille noix blanchies et piquées, comme il vient d'être dit, les déposer dans des bouteilles jusqu'aux trois quarts, on achevera de les remplir avec de l'eau-de-vie que l'on aura soin de mesurer. S'il y a dix pintes de jus, faire fondre, dans dix pintes d'eau, cinq livres de sucre, et la verser ensuite dans l'eau-de-vie où les noix ont infusé, et passer le tout à la chausse ; alors le ratafia sera parfait.

Ratafia de coing. — Pour fabriquer ce ratafia, il faut choisir les plus beaux coins possibles, nouvellement cueillis, bien murs et point gâtés ; les essuyer avec un linge blanc, pour enlever le duvet dont ils sont couverts ; raper ce fruit jusqu'au cœur, en observant de n'y point mettre de pepins, le laisser fermenter l'espace de vingt-quatre heures ; le presser ensuite dans un linge fort et blanc.

Après avoir passé ce jus à la chausse, y ajouter le sucre ; lorsqu'il sera fondu, verser la liqueur dans l'eau-de-vie, et y mettre de l'esprit-de-vin épicé avec du girofle, du macis et de la canelle, la quantité nécessaire pour l'assaisonnement.

S'il y a vingt pintes de jus de coing, il faut sept livres et demie de sucre, six pintes d'eau-de-vie, quatre pintes d'esprit-de-vin.

Ce mélange fait, le passer à la chausse, pour le clarifier, le verser ensuite dans des bouteilles que l'on aura soin de bien boucher, et les mettre en cave, où on les laissera pendant trois ans ; car il faut absolument laisser vieillir ce ratafia pour qu'il soit parfait. On peut cependant en boire au bout de trois mois.

Cette liqueur est un spécifique pour le mal d'estomac, et arrête les cours de ventre les plus opiniâtres.

Autre recette. — Pour vingt pintes de jus, mettre sept livres huit onces de sucre, dix pintes d'eau-de-vie, et de l'esprit épicé, ce qu'il en faudra.

La pomme de reinete et la poire de rousselet forment un ratafia excellent, en observant la même pratique que pour celui de coing, tant pour le commun que pour le double. Le ratafia de pomme est bon à boire au bout de trois mois.

Du ratafia de pêche. — Pour fabriquer ce ratafia, il faut choisir le plus beau fruit, et bien mur; l'écraser et le passer aussitôt dans un linge propre et très fort, pour en exprimer le jus; joindre à ce jus, du sucre sans eau; quand ce sucre est fondu, y ajouter de l'eau-de-vie ou de l'esprit-de-vin, suivant la qualité que l'on veut lui donner; passer le tout à la chausse; quand il sera clair, le mettre en bouteilles et les boucher avec précaution. Laisser ensuite reposer ce ratafia pendant six semaines au moins.

Si l'on desire que ce ratafia soit rouge, ou œil de vin gris, on laissera fermenter la pêche écrasée dans son jus, l'espace de sept à huit heures, pour la couleur faible; et davantage, si l'on veut que la couleur soit plus forte.

Du Ratafia de prune de reine-claude. —
Il faut, pour ce ratafia, cueillir les prunes
par un temps chaud, et dans leur maturité ;
choisir les plus grosses, les bien essuyer, les
ouvrir, ôter le noyau, et les écraser dans un
vase propre, où on les laissera deux ou trois
heures seulement, crainte que le trop de fermentation ne les aigrisse, ce qui ôterait le
goût délicieux qui fait le mérite de ce ratafia.
Après ce temps, mettre ces fruits dans un
linge propre, pour en exprimer le jus ; y ajouter
ensuite le sucre ; lorsque ce sucre est fondu,
mettre une quantité suffisante d'esprit-de-vin
à la canelle, et de l'eau-de-vie ; passer ensuite le tout à la chausse ; quand il sera clair,
le mettre en bouteilles, les bien boucher et
les descendre à la cave, où on laissera reposer ce ratafia l'espace de six semaines.

Pour vingt pintes de jus, il faut cinq livres
dix onces de sucre, dix pintes d'eau-de-vie,
et de l'esprit de canelle distillée ou d'infusion,
ce que l'on croira convenable.

Quant au ratafia de prune de mirabelle, et
celui d'abricot, l'on suivra la même marche
que pour les ratafias de pêches et de prunes de
Reine-Claude.

Du Vespétro, ou ratafia des sept graines.
— Pour ce ratafia, prendre de la graine de carote, d'anis, de fenouil, celle d'angélique, de coriandre, de chervis, et de carvi ; déposer ces graines dans un vase propre, et y ajouter de l'eau-de-vie ; couvrir ce vase, remuer cette infusion tous les huit jours, ainsi de suite, durant six semaines. Ce temps expiré, passer cette infusion dans un tamis, et laisser égouter les graines ; faire fondre le sucre dans l'eau-de-vie qui sera séparée de l'infusion, et sans eau ; bien boucher cette liqueur, et la remuer jusqu'à ce que le sucre soit réduit ; passer ensuite ce mélange à la chausse. Si l'on desire que ce ratafia soit rouge, on lui fera une teinture de coqueliquot.

Si l'on avait intention d'extraire quelques graines de cette recette, l'on ne pourrait supprimer que les deux dernières ; car les cinq premières sont absolument essentielles.

Pour vingt pintes de cette liqueur, employer vingt pintes d'eau-de-vie, six onces d'anis, six onces de fenouil, six de coriandre, trois onces d'angélique, trois onces de graine de carote, six de chervis, et six de carvi.

Du ratafia de cacis. — Pour faire ce ratafia, il faut prendre les feuilles de ce fruit, en ôter les côtes , et les laisser infuser dans l'eau-de-vie pendant un mois ; mettre dans cette infusion du macis, du girofle et de la canelle ; passer cette liqueur dans un tamis ; laisser égouter les feuilles ; y ajouter ensuite le sucre, sans eau ; verser ce mélange dans un vase dont l'embouchure soit étroite ; le bien boucher, et le remuer chaque jour, jusqu'à ce que le sucre soit totalement fondu. Quand cette infusion sera à son point, la passer à la chausse pour la clarifier, et la mettre ensuite en bouteille , pour s'en servir au besoin.

Pour dix pintes de ratafia de cacis, prendre quatre poignées de feuilles, dix pintes d'eau-de-vie, deux gros de macis, une demi-once de canelle, un demi-gros de girofle pulvérisé, et deux livres et demie de sucre. Si on le fabrique avec le jus du fruit, faire comme aux autres.

Du ratafia de fleurs d'orange. — Pour former ce ratafia, prendre les fleurs les plus épaisses qu'il sera possible, fraîchement cueillies, même avant le lever du soleil, au fort de la saison ; les éplucher, les blanchir dans très-peu d'eau que l'on fera bouillir auparavant, ne les y laisser que très-peu de temps ;

les faire égouter dans un tamis jusqu'à ce qu'elles soient froides, et les infuser ensuite dans l'eau-de-vie durant un mois ou six semaines. Ce temps écoulé, passer cette infusion dans un tamis, pour séparer les fleurs, de l'eau-de-vie. Cette infusion passée et les fleurs parfaitement égoutées, mettre du sucre dans de l'eau ; quand il sera fondu, verser cette eau-de-vie divisée des fleurs, dans ce sirop, et le passer à la chausse. Si l'infusion était trop forte en fleurs, y ajouter de l'eau-de-vie et du sirop.

Recette pour le ratafia de fleurs d'orange simple. — Prendre une livre de fleurs d'orange blanchies, que l'on déposera dans cinq pintes d'eau-de-vie ; faire fondre deux livres de sucre dans cinq pintes d'eau. Si la fleur d'orange n'est pas blanchie, il faudra employer six pintes et chopine d'eau-de-vie, sept pintes et demie d'eau, et trois livres de sucre.

Recette pour le même ratafia double.— Pour ce ratafia, employer le double de fleurs d'orange pour l'infusion, blanchies comme il vient d'être dit ; la même quantité d'esprit-de-vin simple ; et sept livres et demie de sucre, dans cinq pintes d'eau.

Du ratafia de fleurs d'orange de Portugal. — Pour ce ratafia, il faut prendre les oranges dans leur parfaite maturité, choisir les plus tendres, et dont la peau soit fine ; couper légèremeut la première écorce de ces oranges, qu'on appelle zest d'orange, sans endommager le blanc de la seconde écorce ; ouvrir ensuite ces oranges ; en exprimer le jus dans de l'eau-de-vie ; y faire fondré du sucre ; mettre les zests dans la liqueur, et les laisser infuser pendant douze ou quinze jours ; après ce temps, le sucre étant totalement fondu, passer le tout à la chausse ; et quand cette infusion sera clarifiée, le ratafia sera parfait.

L'on aura la précaution de ne se servir que d'oranges douces : quelque-fois il s'en rencontre qui sont aigres, d'autres qui sont amères; ce sont les plus mauvaises, avec les cotonneuses ; car les aigres sont encore plus supportables.

Recette pour le ratafia commun d'orange. — Sur dix pintes de jus, mettre cinq pintes d'eau-de-vie, trois livres de sucre, et les zests de dix oranges, que l'on laissera en infusion l'espace de quinze jours.

Autre recette. — Sur dix pintes de jus, employer sept pintes d'esprit-de-vin rectifié, huit livres et demie de sucre, et des zests d'orange, autant qu'à la recette précédente.

Ratafia de grenade. — Pour faire ce ratafia, il faut se servir de grenades douces, choisir celles dont les grains sont très-gros; (les grenadiers à petits grains, sont d'un emploi très-ingrat, et ne rendent presque rien) et les plus saines, parce que la moindre altération, influe beaucoup sur le fruit, lui donne un goût de pourri ou d'amertume, qui gâte absolument la liqueur. Il est nécessaire que ce fruit soit employé dans sa parfaite maturité; ce qui est facile à connaître par les grains qui sont d'un vermeil et d'un brillant frappant, quand la grenade est à son degré.

Après avoir ouvert la grenade et extrait les grains, l'on aura l'attention de ne point laisser les pellicules ou membranes qui forment une séparation dans l'intérieur du fruit; car elles sont très-amères, et procureraient au ratafia une amertume qui lui serait contraire.

Lorsque les grenades seront égrenées, on les pressera avec la main, dans un tamis, afin que le jus, tombant dans un vase quelconque, ne soit pas mélangé de grains. Après l'avoir ainsi exprimé, on y ajoutera du sucre, sans autre sirop ; ensuite l'eau-de-vie de l'esprit à la canelle et autres épices ; après ce, l'on passera le tout à la chausse ; quand ce ratafia sera clarifié, le mettre en bouteille ; et au bout de quinze jours il sera parfait.

Recette pour le ratafia de grenade simple. —Pour deux pintes de jus, employer cinq demi-setiers d'eau-de-vie, une livre de sucre ; et de l'esprit de canelle, ce que l'on croira convenable.

Recette double. — Sur deux pintes de jus de grenade, mettre une livre et demie ou deux de sucre, cinq demi-setiers d'esprit-de-vin, et de l'esprit aux quatre épices.

Manière de fabriquer différentes espèces de liqueurs à l'alambic.

Il y a des alambics de différentes grandeurs, et dont les formes varient : les uns sont propres à distiller à feu nu, d'autres à feu couvert.

Pour distiller au bain-marie, l'on fait construire des fourneaux de grandeur convenable à ce genre de travail ; c'est à celui qui distille, de graduer son feu, afin de ne pas brûler sa liqueur ; et rafraîchir souvent.

Manière

Manière de distiller à l'alambic ordinaire, au réfrigérant. — L'on doit commencer par rincer la poire et la bien essuyer ; garnir la curcubite de la recette que l'on veut distiller, et qu'elle n'excède pas sa hauteur, afin que la liqueur ait assez de jeu dans le bouillonnement, pour ne pas engorger le col de l'alambic : on aura soin, surtout, de bien essuyer le chapiteau ; car, quand il reste quelque humidité dans le réservoir, le commencement de la distillation est nébuleux ; et, en le séparant du reste, on perd une partie du parfum. On lutera ensuite les deux parties de l'alambic, avec du papier gris que l'on collera ; et l'on chauffera aussitôt, crainte qu'une trop longue infusion n'alterât la liqueur. L'on changera de temps en temps l'eau du réfrigérant qui s'échauffe ; et, si le cas l'exige, l'on rafraîchira l'alambic en entier, surtout le bec, pour donner de la qualité aux esprits.

Manière de distiller au bain-marie. — L'usage de distiller au bain-marie, est un des meilleurs : l'opération en est parfaite et point sujette aux accidens qui surviennent fréquemment en distillant à feu nu.

Pour distiller des eaux d'odeur, des fleurs,

des fruits à écorces, des plantes aromatiques, etc., sans faire usage d'eau et d'eau-de-vie, il est absolument nécessaire de se servir du bain-marie ; car, dans toute autre distillation à feu nu, les recettes brûleraient ; et, si l'on voulait distiller au sable, le feu détamerait l'alambic.

Pour distiller au bain-marie, on fait usage, ordinairement, d'un alambic de verre, qu'on place dans une cuvette de cuivre ; cette cuvette doit avoir, au moins, la hauteur de la moitié de la poire ; on place, au fond de ce vase, un trépied, sur lequel l'alambic porte, afin qu'il n'en touche point le fond ; car l'eau, en bouillant, se porterait sur les côtés, et exposerait la matière à brûler.

L'usage du bain-marie est avantageux, quand l'on veut distiller avec peu d'eau-de-vie. Si l'on se sert d'un alambic de cuivre, l'on en garnira le fond de sable, afin que la liqueur distillée ne prenne point de mauvais goût : il est utile aussi pour la rectification des esprits, à cause des inconvéniens de cette opération à feu nu.

Pour fabriquer de l'eau simple de fleurs d'orange, l'on prendra de cette fleur nouvellement cueillie après le lever du soleil ; l'on mettra la feuille et le cœur de la fleur dans la curcubite, avec de l'eau, et l'on placera l'alambic sur le feu, en observant les règles de la distillation. A feu nu, il faut une chaleur plus violente qu'en distillant à l'eau-de-vie, parce que l'eau qui est plus pesante et point spiritueuse, monte très-difficilement. Il faut prendre garde à la quantité d'eau que l'on veut extraire; car, si l'on en tirait par trop, la fleur s'attacherait au fond de la curcubite, brûlerait et gâterait ce qui serait sorti : si au contraire, on en tirait moins, l'on perdrait ce que l'on aurait pu avoir d'excédent.

Recette. — Prendre une livre de fleurs d'orange ; quatre pintes d'eau, pour trois pintes. Si l'on veut que la liqueur soit plus forte, doubler la dose des fleurs.

Pour faire le néroli, ou quintessence de fleurs d'orange, en certaine quantité, l'on mettra l'eau de fleur d'orange double dans un alambic au réfrigérant ; l'on ajoutera à cette eau double, de nouvelles fleurs d'orange ; ensuite, luter l'alambic, le poser à feu nu ou sur un bain de vapeurs, afin que la chaleur fasse monter plus facilement l'essence. Le meilleur néroli se fabrique au bain de vapeurs;

d'ailleurs, cette manière met à l'abri des ac-cidens qui peuvent arriver en distillant à feu nu. Les fleurs ne brûlant pas, on ne craint pas que l'eau double et le néroli aient le goût de feu, ou celui d'empyrûme.

Recette. — Pour trois pintes et demi-setier d'eau-de-vie, mettre soixante gouttes de né-roli, trois pintes et demi-setier d'eau, et une livre de sucre.

Eau de fleurs d'orange-liqueur. — Pour faire, de cette eau, une liqueur, l'on mettra du sucre dans une moindre quantité d'eau fraîche, que pour le ratafia ; quand ce sucre sera fondu, on y ajoutera de l'esprit-de-vin simple ; ensuite de l'eau de fleurs d'orange double, que l'on mêlera bien, et l'on pas-sera le tout à la chausse, pour clarifier la liqueur ; alors elle sera parfaite.

Recette. — Pour six pintes de liqueur, mettre dans l'alambic trois pintes et demi-setier d'eau-de-vie, trois pintes d'eau, et un demi-setier d'eau de fleur d'orange. Si l'eau est moins forte en fleurs, en employer davan-tage, et diminuer l'eau du sirop à proportion.

Eau de lis-liqueur. — Pour fabriquer cette liqueur, il faut choisir des lis qui soient beaux, épais, bien épanouis et point flétris ; détacher cette fleur après le lever du soleil, la laisser dans son entier, à l'exception de la queue qu'il est nécessaire de couper ; car elle donnerait à la distillation, un goût de verdure ; déposer cette fleur dans l'alambic, avec de l'eau et de l'eau-de-vie ; distiller sur un feu nu et un peu vif : quand les esprits seront tirés, mettre du sucre dans de l'eau ; quand il sera fondu, mêler le tout ; passer ensuite ce mélange à la chausse, pour le clarifier ; alors la liqueur aura son degré de perfection.

Recette pour la liqueur commune. — Sur trois pintes d'eau-de-vie, employer une demi-livre de fleurs de lis, trois pintes d'eau, et une livre de sucre dans le sirop, pour cinq pintes. Pour faire la liqueur double, mettre une demi-livre de fleurs, trois pintes d'eau-de-vie. Pour le sirop, trois livres de sucre et deux pintes d'eau sur quatre pintes de liqueur ; ainsi de suite, à proportion de la quantité qu'on veut en avoir.

Manière la plus prompte pour fabriquer l'eau d'œillet en liqueur. — Lorsque les œillets seront épluchés, les faire infuser dans de l'eau, sur le feu ; et dans trois heures, cette fleur

3

aura dépouillé sa couleur ; passer ensuite ces fleurs dans un tamis, et les presser. Si la couleur est faible, faire fondre le sucre dans la décoction colorée, mettre autant de pintes de sirop, que de pintes d'eau-de-vie ; l'on aura soin de piler du girofle à raison de deux clous par botte d'œillets, et de les mélanger dans l'infusion ou dans la liqueur avant d'être passée.

Cette manière prompte de fabriquer l'eau d'œillet est d'un grand avantage ; on peut en avoir dans le même jour ; elle est d'autant plus profitable, que l'eau-de-vie ne diminue ni en quantité, ni en force, et que la liqueur n'en a pas moins sa perfection.

L'on peut aussi fabriquer de l'eau de jasmin, avec la précaution de ne point tirer de flegme, et de couvrir le récipient aussitôt qu'on en aperçoit ; car l'odeur de cette fleur serait perdue.

Recette pour six pintes. — Employer trois pintes et demi-setier d'eau-de-vie, une chopine d'eau, six onces de jasmin, une livre de sucre, et trois pintes et demi-setier d'eau, pour le sirop.

Pour que l'eau de jasmin soit fine et moelleuse, employer quatre pintes d'eau-de-vie,

une chopine d'eau et quatre livres de sucre ;
deux pintes et chopine , et demi-poisson d'eau,
pour le sirop , et huit onces de jasmin.

Pour que cette liqueur soit fine et sèche ,
employer quatre pintes d'eau-de-vie , deux
pintes d'eau , deux livres de sucre , dix onces
de jasmin ; et une chopine d'eau pour le sirop.

De la violette en liqueur. — Les violettes
épluchées , les infuser dans l'eau-de-vie pendant un mois ; après ce temps, passer l'infusion dans un tamis ; lorsque les fleurs seront
égoutées, mettre du sucre dans de l'eau fraîche;
et quand il sera fondu , mêler l'infusion dans
le sirop , et passer ce mélange à la chausse ; le
tout étant bien clarifié , alors la liqueur sera
à sa perfection.

On peut aussi faire cette infusion au feu , en
observant ce qui a été dit relativement à l'œillet, sans que cette liqueur perde sa qualité ;
mais on aura soin de n'y point mettre de
girofle.

Manière de fabriquer l'eau de jonquille. —
Il faut distiller les fleurs à l'eau-devie , sur un
feu assez vif. Pour six pintes d'eau de jonquille — liqueur , suivre précisément ce qui a

été dit sur le jasmin , pour qu'elle soit fine , sèche et moelleuse : comme la jonquille ne donnerait pas sa couleur à la distillation , l'on fera usage de caramel peu brûlé , que l'on mettra en quantité suffisante pour colorer la liqueur , qui doit avoir celle de la fleur.

Des couleurs et teintures de fleurs. — Les couleurs ordinaires des liqueurs sont le rouge , cramoisi , cerise , rose ; le jaune-orange , citron , le violet-pourpre , et le bleu.

Ces couleurs se font avec la cochenille , et le tournesol , et s'extraient par infusion , des fleurs.

De la couleur rouge et ses nuances. — La couleur rouge est , de toutes celles qui entrent dans les liqueurs , la plus brillante et la plus variée : on fait , avec cette couleur , le rouge-cramoisi , la vraie écarlate , et généralement toutes les nuances que l'on puisse desirer , et pour toutes , l'on n'emploie que la cochenille.

La cochenille est un verd gris-noir , qui vient des Indes , et qui , étant dans l'eau pulvérisée , fait une belle teinture rouge , qu'on nomme rouge-cramoisi. Cette drogue est susceptible d'un commerce fort étendu.

Il y a, en Europe, une autre espèce de cochenille ; c'est la feuille du chêne-vert qui croît en Languedoc, en Espagne, et dans les pays chauds.

Pour bien choisir la cochenille, il faut prendre la plus noire et la plus pesante ; la cochenille inférieure est couverte d'une espèce de fleur blanche, comme celle que l'on aperçoit sur les prunes violettes.

La vraie manière d'employer la cochenille avec succès, pour former ses nuances, est de se servir d'alun.

Il y a trois principales espèces d'alun. Celui de rocher est un sel minéral que l'on tire par filtration, comme le salpêtre, espèce de pierre qui se trouve dans les carrières, en Europe, notamment en France, en Angleterre et dans l'Italie. Celui de France, se nomme alun de Roche ; celui d'Italie, alun de Rome ; on l'apporte en morceaux de moyenne grosseur ; sa couleur est blanche, rougeâtre ; il est luisant, transparent, d'un goût acide. Cet alun est naturellement net ; mais on le purifie en le faisant fondre daus l'eau : en filtrant la dissolution, et la faisant évaporer sur le feu, il devient détersif et astringent ; il a des vertus admirables pour arrêter le sang.

La troisième espèce est l'alun de glace : on le tire d'Angleterre ; il est blanc et transparent comme le crystal, il a la même propriété que celui de Rome ; on en fait principalement usage pour les nuances de couleur rouge.

Pour colorer six pintes de liqueur en rouge-cramoisi, l'on prendra trois gros de cochenille, un demi-gros d'alun de glace, ou d'Angleterre ; l'on réduira le tout en poudre, la plus déliée possible ; l'on fera bouillir trois poissons d'eau ; l'on en versera environ la moitié dans le mortier, l'on remuera promptement les drogues, avec le pilon, et l'on jettera aussitôt ce mélange dans la liqueur qui doit être auparavant assaisonnée d'esprit et de sirop : l'on rincera ensuite le mortier avec le reste de l'eau bouillante, que l'on versera de suite dans cette liqueur ; alors l'on aura une couleur cramoisie foncée et veloutée ; c'est, sans contredit, la plus nette, et la moins sujette à s'altérer.

Si l'on desire que le rouge soit vif et moins foncé, l'on n'emploiera que deux gros de cochenille, et de la même manière que pour le rouge foncé, dont il vient d'être parlé. Si l'on ne veut avoir qu'un rouge rosé, mais vif, l'on n'emploiera qu'un gros de cochenille, et moitié moins d'alun.

Si l'on desire faire la véritable couleur écarlate, l'on prendra deux gros de la seconde espèce de cochenille, (autrement dit vermillon ou kermès) deux gros d'alun, et un demi-gros de crême de tartre.

La crême de tartre est une pellicule, ou espèce d'écume qui reste après l'évaporation d'une partie de l'humidité, en faisant le crystal de tartre.

Le crystal de tartre est un tartre blanc que l'on fait dissoudre et s'évaporer. Ce crystal est purgatif et apéritif; bon pour les hydropiques et les asthmatiques, pour les fièvres tierces et quartes.

Manière de fabriquer la couleur jaune.— Il y a des distillateurs qui tirent cette couleur de la giroflée jaune, par infusion, soit à l'eau, soit à l'esprit-de-vin. On choisit les fleurs les plus épanouies, comme plus riches en couleur; on arrache les feuilles de cette fleur, et on choisit celles qui sont bien jaunes.

Si on tire la couleur de cette fleur, par l'infusion d'eau, on met les feuilles dans un pot que l'on remplit d'eau; on place ensuite le pot sur la cendre rouge, ou sur un feu modéré de charbon, couvert de cendre ; et l'on se sert de cette teinture pour le sirop d'eau d'or. Si, au contraire, on tire la couleur de ces fleurs, par l'infusion d'esprit-de-vin, on en remplit une bouteille de verre, sans les presser ; on verse par-dessus l'esprit-de-vin qui en attire toute la couleur. Cependant, comme on ne trouve pas toujours des fleurs propres à cette couleur, et que les liqueurs jaunes sont communes, sans recourir à d'autres expédiens, dont le détail deviendrait trop long, le plus court et le plus sûr moyen, qui n'exige pas de grands frais, consiste à faire usage de caramel.

Pour bien faire ce caramel, il faut prendre du sucre, le mettre dans une cuiller de fer, grandeur de celle à pot ; ensuite la placer sur un feu clair ; lorsque le sucre commencera à fondre, on le remuera sans cesse, crainte qu'une partie ne brûle, tandis que l'autre ne serait pas fondue ; quand il le sera entièrement, l'on continuera à remuer jusqu'à ce que le caramel ait pris couleur ; car le point essentiel consiste à lui donner son vrai degré ; et, si le caramel n'était pas assez brûlé, on serait obligé d'en employer beaucoup plus,

et la couleur n'aurait pas la même perfection. Dès que l'on s'apercevra que le caramel
se dispose à noircir, on y versera de l'eau
suffisamment pour le faire fondre ; et on le
pressera ensuite dans un linge blanc. La liqueur étant assaisonnée et prête à passer, alors
ce sera le moment d'y verser peu-à-peu de ce
caramel, jusqu'à ce qu'elle ait réellement la
nuance qu'on desire lui donner.

L'on peut aussi fabriquer la couleur d'a-
vance ; ensuite la laisser reposer, et la verser
dans la liqueur après qu'elle a été clarifiée.

Couleur violette et le violet-pourpre. — La
vraie manière de faire cette couleur avec
succès, consiste à se servir des tablettes de
tournesol : ces tablettes sont fabriquées avec
la semence de cette plante (héliotrope) qui
étant détrempées, donnent une couleur violette – bleue. L'on prendra donc de ces tablettes, on les pilera dans un mortier, jusqu'à
ce qu'elles soient réduites en poudre finement
déliée, que l'on mettra dans l'eau bouillante ;
l'on aura soin de remuer ce mélange, et de
le verser lentement dans la liqueur, pour
ne pas forcer la couleur. Cette teinture doit être
versée avant de passer la liqueur à la chausse.

Si l'on clarifiait la liqueur précédemment, il faudrait la filtrer ; alors on mettrait ces tablettes dans un pot ou une cafetière, avec de l'eau que l'on ferait bouillir environ une demi-heure, et les tablettes resteront dans leur entier.

Si l'on desire donner à la liqueur, un violet-pourpre, on joindra aux tablettes de tournesol, un peu de cochenille.

De la Couleur bleue, et des teintures aux fleurs. — L'on réunit ces deux objets en un seul, parce que cette dernière ne s'extrait que par infusion de fleurs.

Si l'on veut avoir une teinture bleue, l'on pourra faire usage des fleurs de cette couleur : il faut prendre celles qui sont sans odeur, de la meilleure couleur possible, et d'un tissu délié.

On peut employer avec succès, pour la couleur céleste, la jacinte. Cette fleur, outre le bleu qu'elle procure, a une odeur qui donne aux liqueurs un parfum fort agréable.

On se sert aussi du bluet. On extrait de cette fleur une eau dont la propriété est admirable ; elle blanchit la peau et enlève les taches du visage, surtout, les rousseurs. Cette couleur se tire par infusion, comme celles d'œillets, de violette, giroflier, safran, etc.

Eau de lavande. — Pour faire l'eau de lavande, on emploie, ou la fleur de la plante, ou l'essence de cette fleur. Si l'on se sert de la plante, on en prendra les sommités bien fleuries, que l'on cueillera par un temps chaud, un peu avant ou immédiatement après le lever du soleil ; on détachera les feuilles des épis et de leurs calices, et on les mettra dans l'alambic, pour les distiller, soit à l'eau, soit à l'esprit. L'eau simple de lavande est d'un faible usage ; on ne s'en sert que pour faire des savonnettes. L'eau simple de lavande se distille à feu nu, un peu vif.

Si l'on veut distiller la lavande aux esprits, l'on placera, comme il a été dit précédemment, les fleurs épluchées dans l'alambic, avec de l'eau-de-vie ; il est absolument nécessaire de mettre de l'eau dans l'alambic, pour cette distillation, crainte que les matières ne brûlent au fond de la curcubite.

Si l'on se sert de la quintessence de lavande, l'on choisira celle d'Italie, ou de Languedoc et de Provence ; ce sont les meilleures. Ces essences ont le parfum le plus odorant et le plus délicat. On peut tirer de la qhiutessence de lavande de Paris ; mais elle rend moins que celle des pays précités.

Recette pour quatre pintes d'eau de lavande ou esprit simple. — Mettre dans l'alambic cinq pintes et chopine d'eau-de-vie, et deux onces de quintessence de lavande, sans eau. Pour lui donner plus de qualité, l'on mettra trois onces et demie, ou quatre onces de quintessence, et on la distillera sur un feu ordinaire ; prendre garde, surtout de n'y point tirer de flegme ; car cette eau perdrait de sa valeur.

Si l'on emploie la plante, on ôtera, comme il a été dit, la fleur de l'épi ; et l'on mettra une livre de fleur dans l'alambic : on ajoutera à l'eau-de-vie portée par la recette précédente, une chopine de plus, et une pinte d'eau.

Recette de quatre pintes d'eau-de-vie de lavande en esprit rectifié. — On tirera les esprits de sept pintes d'eau-de-vie seulement, et l'on mettra ces esprits dans l'alambic, avec quatre onces de quintessence, pour les rectifier.

Si

Si l'on fait usage de la plante, on ajoutera une livre de fleurs dans l'alambic, et de l'eau-de-vie en même quantité que dessus, pour en extraire les esprits simples, avec une chopine d'eau, afin d'éviter que la matière se calcine au fond de la curcubite, Ensuite l'on versera de nouveau les esprits distillés dans l'alambic, pour les rectifier, en y ajoutant encore une demi-livre de cette même fleur.

On fait aussi de l'eau-de-vie de lavande rouge. Cette infusion est du ressort de tout le monde, parce qu'il ne faut point d'alambic pour la fabriquer : c'est simplement de l'eau-de-vie que l'on verse, à volonté, sur des fleurs de lavande.

La raison est la même pour extraire la quintessence des autres aromates végétaux ; savoir: l'aspic, le mélilot, la marjolaine, la mélisse, etc.

Pour extraire la quintessence de chacune de ces plantes, il faut qu'elles soient nouvellement cueillies.

Recette pour les quintessences des aromates végétaux. — Employer quatre livres de fleurs ou de feuilles de ces aromates, six pintes d'eau, quatre onces de sel de Nitre,

H

ou une demi-livre de sel ordinaire, et l'on distillera le tout.

Recette pour l'eau de marjolaine simple. — Mettre dans l'alambic six pintes d'eau-de-vie, deux livres de marjolaine, et une pinte d'eau, si l'on distille à feu nu : si l'on distille au bain-marie, ou à celui de vapeurs, l'on pourra retrancher l'eau.

De la mélisse. — Pour fabriquer cette eau, il faut que cette plante soit nouvellement cueillie, sur la fin du printems, ou au commencement de l'été, par un temps chaud, et surtout avant le lever du soleil, lorsque, depuis quelques jours, il n'a pas tombé de pluie : l'on y joindra des quatre épices et de la coriandre ; l'on y ajoutera aussi les feuilles de mélisse, mais séparément. L'on mettra ensuite ce mélange dans la curcubite de l'alambic, avec du vin blanc et de l'eau-de-vie. L'on distillera le tout au bain-marie, à petit feu, afin que les esprits tombent goute à goute dans le récipient ; l'on observera de ne point tirer de flegme, car cette eau nécessite que les esprits sortent purs, et paraissent aussi brillans que ceux qui sont rectifiés.

Recette pour environ quatre pintes d'eau

de mélisse. — L'on mettra dans l'alambic cinq pintes et chopine d'eau-de-vie , cinq pintes et chopine de vin blanc , un quarteron de muscade , et un quarteron de macis , une once de canelle , les zests de douze beaux citrons , et vingt-quatre poignées de feuilles de mélisse.

Si l'alambic ne peut pas contenir toute la recette , on la divisera en deux parties. L'on diminuera ou l'on augmentera la recette à proportion d'eau que l'on voudra avoir.

Eau de la reine - d'hongrie. — Cette eau d'odeur est la première qui ait paru ; elle tire son origine d'Allemagne. Cette eau fut faite , dans son principe par infusion ; mais , depuis , on l'a distillée à Montpellier avec succès.

C'est la fleur de romarin , qu'il faut employer pour fabriquer cette eau , si toute fois il est possible de s'en procurer suffisamment , parce qu'elle n'en serait que plus parfaite ; mais à son défaut, on peut y suppléer avec la sommité des branches de cette plante. Dans le cas où il ne serait pas possible d'avoir de ces fleurs , on fera usage seulement de la sommité des branches. On doit cueillir cette fleur au lever du soleil , et la mettre de suite dans l'alambic : si l'on distille les sommités , on fera de même ;

H 2

l'on versera ensuite l'eau-de-vie dans l'alambic, et l'on distillera au bain-marie, à grand feu : l'on aura soin de ne point tirer de flegme, et cette eau sera parfaite.

Recette pour quatre pintes d'eau de la reine-d'hongrie. — Employer six pintes d'eau-de-vie, sans eau ; une demi - livre de fleurs de romarin, avec une livre de sommités de la plante ; et, si l'on ne fait usage que des sommités, en mettre deux livres, et distiller le tout au bain-marie.

Recette pour l'eau de mélilot. — Employer deux livres de mélilot, six pintes d'eau-de-vie, et une pinte d'eau ; distiller le tout, comme il vient d'être dit.

Recette pour cinq pintes d'eau de thym en liqueur. —Prendre trois pintes et chopine d'eau-de-vie, avec trois poignées de thym, feuilles et fleurs ; et, pour le sirop, une livre et demie de sucre, et deux pintes d'eau.

Autre recette pour trois pintes d'eau d'o-deur du thym. — Prendre feuilles et fleurs de cette plante ; remplir à moitié la curcubite ; verser dessus, deux pintes d'eau, et le reste d'eau-de-vie, jusqu'au couronnement ; distiller ensuite sur un feu tempéré, et ne point tirer de flegme.

Recette pour quatre pintes de basilic en liqueur. — Prendre fleurs et feuilles mélangées, trois poignées ; trois pintes et chopine d'eau-de-vie, deux livres de sucre, et une pinte et demie d'eau.

Recette pour quatre pintes d'eau vulnéraire aux esprits. — Mettre dans l'alambic une demi-livre de feuilles, ou six onces de vulnéraire-suisse, six pintes d'eau-de-vie, sans eau, et distiller à petit feu.

Recette pour quatre pintes d'eau vulnéraire simple. — Pour faire cette eau, employer la même quantité de feuilles ou fleurs, avec six pintes d'eau : mettre le tout dans l'alambic, et distiller avec un feu plus vif.

L'on peut aussi fabriquer de l'eau vulnéraire, appelée eau d'arquebusade.

Recette pour six pintes d'eau d'arquebusade spiritueuse. — Prendre quatre poignées de grande consoude, feuilles, fleurs, et même racine ; quatre poignées d'armoise, quatre poignées de bugle, quatre poignées de sauge, deux poignées de feuilles de bétoine, deux poignées de grande marguerite, deux poignées de sanicle, deux poignées de grande scrofulaire, deux poignées de paquerette, deux poignées d'aigremoine, deux de plantin, deux

de fenouil , deux d'absinthe , une poignée de
véronique , une d'orpin , une de mille-pertuis ,
une d'aristoloche-longue , une de petite cen-
taurée , une de mille-feuille , une de menthe ,
une de nicotiane , une de piloselle , et une
d'hysope.

Quand l'on se sera procuré toutes ces plantes
que l'on doit cueillir en été , par un temps
sec , on les hachera et les pilera ; on les fera
ensuite infuser dans un grand pot , avec douze
pintes de bon vin , et six pintes d'eau-de-vie ;
on les mettra en digestion dans un tas de fumier bien chaud , ou sur un four , l'espace
de trois jours : ce temps expiré , on jetera ce
mélange dans l'alambic , et l'on distillera à
feu nu , auquel on donnera un degré de chaleur ordinaire , pour tirer de cette totalité ,
environ le quart des esprits du vin blanc , et
la moitié de l'eau-de-vie , qui rendront à-peu-
près six à sept pintes. L'on n'en distillera pas
davantage , si l'on desire que cette eau soit
bonne et pas flegmatique.

*Recette pour six pintes d'eau d'arquebu-
sade simple.* — Mélanger en quantité égale
toutes les plantes précédemment indiquées ,
hachées et pilées , avec quinze pintes d'eau
en digestion sur un feu modéré , pendant six

heures, et l'on couvrira la curcubite ; après
cet intervalle, on allumera le fourneau ; l'on
mettra le chapiteau à la curcubite, luté à
l'ordinaire ; l'on distillera sur un feu vif, et
l'on tirera huit pintes d'eau sur quinze ; alors
cette eau simple sera infiniment supérieure à
ces infusions de vulnéraire qui ne sont pas
distillées.

De l'eau de cédrat en liqueur. — Pour
fabriquer cette eau, l'on aura soin de ne couper
que la première écorce jaune ; ces zests étant
coupés, on les mettra dans l'alambic, avec
de l'eau et de l'eau-de-vie : l'on distillera ensuite sur du feu un peu vif : quand l'on en
aura extrait les esprits, l'on fera fondre du
sucre dans de l'eau, et l'on versera les esprits
distillés dans ce sirop, que l'on mélangera
bien, et l'on passera le tout à la chausse ;
quand cette liqueur sera clarifiée elle aura son
degré de perfection.

*Recette pour trois pintes d'eau commune
de cédrat.* — Prendre un fort cédrat, ou deux
petits, trois pintes et demi-setier d'eau-de-vie ;
cinq quarterons de sucre, et deux pintes d'eau.

Recette pour l'eau de cédrat double. —
Prendre deux gros cédrats, ou trois petits ;

trois pintes et demi-setier d'eau-de-vie ; deux pintes d'eau, et trois livres de sucre.

Autre recette pour l'eau de cédrat fine et sèche. — Prendre trois cédrats moyens, trois pintes et demi-setier d'eau-de-vie, deux livres de sucre ; le tout sans eau.

Pour fabriquer de ces trois espèces, avec les quintessences, l'on mettra sur les quantités d'eau-de-vie et de sucre, déterminées sur chacune de ces liqueurs, quarante-cinq goutes de quintessence pour l'eau commune de cédrat ; soixante goutes pour le double, et quatre-vingt goutes pour l'eau de cédrat fine et sèche.

Eau de bergamote - liqueur. — Pour fabriquer des esprits à la bergamote, et de ces esprits en faire de la liqueur, l'on se conformera à l'usage adopté des autres fruits à écorces.

Recette pour cinq pintes d'eau commune de bergamote. — Prendre une moyenne bergamote, trois pintes et demi-setier d'eau-de-vie, cinq quarterons de sucre, et deux pintes et trois demi-setiers d'eau.

Recette pour cinq pintes d'eau de bergamote double. — Choisir une belle bergamote, avec trois pintes et demi-setier d'eau-de-vie, deux pintes-d'eau , et trois livres de sucre pour le sirop.

Recette pour cinq pintes d'eau fine et sèche de bergamote. — L'on aura soin de prendre deux petites bergamotes , ou une moyenne et une inférieure , trois pintes et demi-setier d'eau-de-vie , une pinte et demie d'eau , et trois livres de sucre.

Quand on fait usage de quintessence , on met la quantité d'eau-de-vie et de sucre pour chaque espèce de cette liqueur ; on ajoute trente goutes de quintessence pour la commune , quarante pour la double , et cinquante pour la fine et sèche.

De l'eau de citronelle-liqueur. — Lever délicatement les zests des citrons ; les mettre dans l'alambic , et les distiller, avec l'eau et l'eau-de-vie , à feu un peu vif ; ne point tirer de flegme. Quant au sirop , on se conformera à l'usage ordinaire.

Recette pour cinq pintes et chopine d'eau commune de citronelle. — Employer quatre citrons moyens , une livre un quart de sucre , trois pintes et demi-setier d'eau-de-vie, deux pintes et demi-setier d'eau pour le sirop.

Recette pour cinq pintes d'eau de citro-nelle double. — Employer quatre beaux citrons, trois pintes et demi-setier d'eau-de-vie, et trois livres de sucre dans deux pintes d'eau.

Recette pour la liqueur fine et sèche de citronelle. — Employer cinq beaux citrons ou six moyens, trois pintes et demi-setier d'eau-de-vie, deux livres de sucre que l'on fera fondre dans une pinte et chopine d'eau fraîche, pour le sirop.

Pour fabriquer cette eau avec la quintessence, on en versera soixante goutes sur la commune, soixante-dix sur la double, et quatre-vingt sur celle qui est fine et sèche.

Recette pour faire l'eau chinoise avec le sirop du citron-madaire. — Pour une pinte de ce sirop, l'on emploiera une pinte d'esprit-de-vin, sans eau ni sucre, et proportionnellement, selon le degré que l'on voudra donner à cette eau.

Recette pour six pintes d'eau de limette.— L'on emploiera trois citrons ordinaires, quatre, s'ils sont inférieurs, et deux seulement, s'ils sont forts; la même quantité d'eau-de-vie déterminée pour l'eau de citronelle, et même quantité d'eau et de sucre, pour former le sirop.

Recette pour six pintes d'eau de bigarade, ou d'orangesse. — Prendre six bigarades ordinaires ; (quand elles sont belles, quatre suffisent ; et quand elles sont petites, il en faut huit) distiller les zests de ces fruits avec trois pintes et demi-setier d'eau-de-vie ; employer, pour le sirop, deux pintes et chopine d'eau, dans laquelle on fera fondre une livre et demie de sucre ; assaisonner la liqueur avec un gros de macis, et une demi-noix-muscade.

Recette pour six pintes d'eau d'orange de Portugal. — Prendre les zests de quatre oranges de Portugal, les distiller avec trois pintes et chopine d'eau-de-vie, et un demi-setier d'eau ; et, pour le sirop, employer une livre un quart de sucre dans trois pintes d'eau.

Manière de fabriquer l'eau à la fine-orange. — Choisir les plus belles oranges, et les plus spiritueuses, et se conformer à la recette précédente.

Au défaut du fruit, on emploie la quintessence d'orange ; mais comme elle est sujette à déposer, on doit en faire usage le moins possible ; et, lorsqu'on s'en sert, il faut clarifier l'eau pour faire le sirop, et passer la liqueur claire-fine, afin d'éviter cet inconvénient.

Recette pour fabriquer six pintes de fine orange moelleuse. — Mettre dans l'alambic les zests de six oranges choisies , quatre pintes d'eau-de-vie , et une chopine d'eau : pour le sirop , on emploiera trois livres et demie de sucre , une demi-livre de cassonade , et deux pintes et demi-setier d'eau.

Recette pour six pintes de fine orange en liqueur fine et sèche. — L'on mettra dans l'alambic les zests de huit belles oranges , quatre pintes d'eau-de-vie , et une chopine d'eau : pour le sirop , on emploiera deux livres de sucre , une demi-livre de cassonade , et deux pintes d'eau.

Si ces deux liqueurs sont fabriquées avec de la quintessence , l'on emploiera pour celle qui doit être moelleuse , quatre-vingt goutes de quintessence ; et pour celle fine-sèche , cent goutes : on les distillera à feu un peu vif , pour éviter les flegmes.

Recette pour un cent d'abricots. — L'on aura soin d'en mettre quelques-uns de plus , afin d'être à même de remplacer ceux qui se seraient gâtés ou blanchis. L'on emploiera quatre livres de sucre et trois pintes d'eau pour le sirop : quand il sera prêt à bouillir , on le clarifiera avec deux blancs-d'œufs fouettés

que l'on divisera par quart ; et, lorsqu'il sera
clarifié par la moitié de ces blancs-d'œufs,
l'on blanchira les abricots, comme il a été dit,
en les trempant dans cette liqueur ; ensuite
l'on achevera de clarifier le sirop avec le reste
des blancs - d'œufs ; lorsque ce sirop sera refroidi, on le mélangera avec deux pintes d'esprit-de-vin ou d'eau-de-vie, et on versera cette
liqueur sur les abricots, que l'on arrangera
avec précaution dans une bouteille.

Recette pour un cent de pêches. — L'on
aura soin d'en mettre plus que le nombre que
l'on voudra confire, afin d'être à même de
remplacer celles qui se dénatureraient au travail ; l'on emploiera huit livres de sucre et six
pintes d'eau pour le sirop ; étant prêt à bouillir,
on le clarifiera avec trois ou quatre blancs-
d'œufs fouettés que l'on divisera par quart :
quand le sirop commencera à prendre corps,
l'on blanchira les pêches, conformément à l'article précédent ; ensuite l'on achevera de clarifier le sirop avec le restant des blancs-d'œufs :
étant réfroidi, on y versera quatre pintes d'esprit - de - vin, et l'on versera ce mélange sur
les pêches, lorsqu'elles seront placées dans des
vases quelconques.

Si, au lieu de sucre, on se sert de casso-

nade la quantité sera la même , à l'exception
que, pour cette dernière , on mettra un blanc-
d'œuf par livre , pour clarifier le sirop.

*Manière de faire l'eau de canelle en li-
queur.* — Prendre la quantité de canelle portée
par la recette, proportionnellement à la quantité de liqueur que l'on desirera fabriquer,
finement pilée , afin de donner aux esprits
une prompte issue : cette canelle étant bien
pilée, on la mettra dans l'alambic avec très-
peu d'eau-de-vie , et on distillera sur un
feu modéré.

L'on observe que les esprits qui tombent
les premiers, n'ont pas d'abord le vrai goût
de la canelle : ce n'est qu'à la fin de la distillation , que l'odeur de cette épice monte et
s'enlève avec les esprits ; c'est pourquoi il faut
avoir la précaution de tirer un peu de flegme
avec les esprits , si l'on desire qu'ils aient
réellement le goût des épices que l'on distille.

L'on aura soin de mettre moins d'eau dans
l'alambic , qu'aux autres distillations : quand
l'on aura tiré les esprits, l'on fera fondre du
sucre dans de l'eau fraîche ; ensuite l'on versera les esprits dans le sirop ; on passera le
tout à la chausse pour clarifier ; alors la liqueur sera parfaite.

Recette pour six pintes de canelle. —
Réduire en poudre très-fine une once de bonne
canelle que l'on mettra dans l'alambic avec
trois poissons d'eau ; on y ajoutera trois pintes
et chopine d'eau-de-vie ; et , pour le sirop,
une livre un quart de sucre , et trois pintes
d'eau.

Du cinnamomum. — La canelle fait la base
de cette liqueur. La canelle seule ne formerait qu'une liqueur sèche ; c'est pourquoi l'on
y ajoute le macis.

On choisira ces deux espèces d'épices , que
l'on pilera ensemble ou séparément ; on les
mettra dans l'alambic avec de l'eau et de l'eau-
de-vie , et on distillera sur un feu ordinaire.
On tirera un peu de flegme ; et , quand l'on
aura extrait les esprits , on fera fondre du sucre
dans de l'eau fraîche ; l'on mêlera ensuite les
esprits dans le sirop , et l'on passera cette liqueur à la chausse , pour la clarifier.

Recette pour six pintes de cinnamomum.
— Prendre une once et demie de canelle , et
deux gros de macis que l'on pilera et réduira
en poudre ; mettre ces deux épices pulvérisées
dans l'alambic , avec quatre pintes d'eau-de-
vie et une chopine d'eau : on distillera le tout

à feu ordinaire, en tirant un peu de flegme : pour le sirop, on mettra quatre livres de sucre dans deux pintes et chopine d'eau. On emploiera une demi-livre de cassonade sur le total du sucre, pour engraisser la chausse et produire le même effet à la liqueur ; l'on fera chauffer l'eau, afin que le sucre puisse fondre plus facilement.

De l'eau de macis. — Après avoir bien choisi le macis, on le pilera et on le mettra dans l'alambic, avec de l'eau-de-vie et un peu d'eau, et l'on distillera conformément aux autres épices. Quant au sirop, on se conformera à l'article précédent : l'on mélangera les esprits avec le sirop, on passera le tout à la chausse ; et, quand la liqueur sera clarifiée, elle aura sa perfection.

Recette pour cinq pintes et demie d'eau de macis simple. — Prendre une demi-once de macis, le réduire en poudre très-fine, et le distiller avec trois pintes et demi-setier d'eau-de-vie, et un peu d'eau. Pour le sirop, on emploiera deux pintes et trois demi-setiers d'eau, et une livre un quart de sucre.

Recette pour six pintes d'eau de macis double. — Prendre six gros de macis que l'on pulvérise ;

pulvérisera ; on le mettra dans l'alambic avec quatre pintes d'eau-de-vie. Pour le sirop, on emploiera quatre livres de sucre et deux pintes d'eau.

Recette pour cinq pintes et demie d'eau de macis fine-sèche. — L'on prendra une once de macis pulvérisé, que l'on distillera avec quatre pintes d'eau-de-vie ; l'on emploiera pour le sirop, deux livres un quart de sucre, et deux pintes d'eau.

Recette pour l'eau de muscade commune, double, et fine-sèche. — L'on emploiera égale quantité d'eau-de-vie, pour ces recettes, que pour celles du macis. Dans la commune, on y mettra une muscade ordinaire ; dans la double, une belle muscade, et la moitié d'une muscade pour la fine et sèche : quant au sirop, on se conformera aux recettes précédentes, relatives au macis.

Recette pout environ six pintes d'eau de girofle. — Prendre un gros ou dix-huit clous de girofle : on les réduira en poudre, et on les mettra dans l'alambic avec trois pintes et chopine d'eau-de-vie. On distillera sur un feu ordinaire, en observant de tirer un peu de flegme, pour donner aux esprits le goût et l'odeur de l'épice. Pour le sirop, on emploiera

I

une livre un quart de sucre que l'on fera fondre dans trois pintes d'eau.

Recette d'eau clairette-dardelle de Chambéry. — Comme cette liqueur est tierce, l'on mettra dans l'alambic un demi-gros de girofle, deux gros de macis, quatre pintes d'eau-de-vie, et une chopine d'eau. Pour le sirop, on emploiera deux livres trois quarts de sucre ou cassonade, dans trois pintes d'eau. Quant à la couleur, avoir recours à l'article des teintures de fleurs rouges, et de ses nuances.

Recette de la même liqueur fine. — Pour la fabriquer, on augmentera d'un quart la dose des épices, avec cinq pintes d'eau-de-vie. Pour le sirop, on fera fondre cinq livres de sucre dans deux pintes et demie d'eau.

Recette pour six pintes d'eau d'anis. — Mettre dans l'alambic deux pintes d'eau-de-vie ; une chopine d'eau, une once de fenouil, et deux onces d'anis. Pour le sirop, une livre un quart de sucre et trois pintes d'eau : on mélangera le tout et on le passera à la chausse, pour le clarifier.

Recette pour l'esprit d'anis. — Pour qu'une pinte d'anis rende dix pintes de liqueur, l'on mettra dans l'alambic, cinq onces d'anis, une pinte et demie d'eau-de-vie, et une pinte d'eau : l'on ne tirera pas de flegme, parceque les esprits blanchiraient.

Si l'on desire qu'une pinte d'esprit rende quinze pintes de liqueur, l'on prendra sept onces et demie d'anis que l'on distillera avec la même quantité d'eau-de-vie qu'à la recette précédente, et une chopine d'eau de plus.

Pour que l'esprit d'anis rende vingt pintes de liqueur, l'on prendra dix onces d'anis que l'on distillera avec une quantité d'eau-de-vie égale à la recette ci-dessus ; et une chopine d'eau de plus.

Recette pour six pintes d'eau de fenouillettes. — Prendre trois pintes et chopine d'eau-de-vie, une livre de sucre, deux onces de fenouil, mettre le tout dans l'alambic, avec une chopine d'eau. Pour le sirop, même quantité de sucre, et trois pintes d'eau.

Recette pour six pintes d'eau de fenouil double. Employer autant d'eau-de-vie que pour la recette précédente, trois livres de sucre, et trois pintes d'eau.

Recette pour six pintes d'eau de fenouil en liqueur fine et sèche. — Prendre trois pintes et chopine d'eau-de-vie, trois onces de fenouil, deux pintes d'eau, une livre de sucre ;

passer le tout à l'alambic ; l'on mettra une demi-livre de sucre de plus, pour le sirop.

L'on peut, avec cette liqueur, faire de la fenouillette de l'île de Ré, en ajoutant du macis à cette recette, ou à la précédente.

Recette pour six pintes d'eau de coriandre. — Prendre trois pintes et chopine d'eau-de-vie, deux onces de coriandre, une livre de sucre, et trois pintes et demi - setier d'eau : distiller le tout sur un feu modéré.

Pour la plus commune, on ne distille que les deux tiers de l'eau-de-vie, et l'on réserve l'autre tiers pour le mettre, avec les esprits, dans le sirop.

Si l'on desire en avoir de la fine et sèche, ou de la double et moelleuse, l'on divisera la recette en même proportion que celle qui a été donnée pour l'eau de fenouillette.

Recette pour six pintes d'eau d'angélique-liqueur. — Prendre une once d'angélique finement pilée, que l'on distillera avec trois pintes et chopine d'eau-de-vie. Pour le sirop, on fera fondre une livre de sucre dans trois pintes d'eau.

Pour fabriquer cette liqueur fine, sèche, ou double moelleuse, avoir recours à la recette concernant l'eau de fenouillette.

Recette pour six pintes d'eau de genièvre, en liqueur simple. — Piler un demi - litron de baies de genièvre que l'on distillera avec trois pintes et demie d'eau-de-vie. Pour le sirop, l'on fera fondre cinq quarterons de sucre dans trois pintes d'eau.

Recette pour six pintes d'eau double de genièvre. — Employer quatre pintes d'eau-de-vie, trois livres de sucre ; deux pintes et demi-setier d'eau pour le sirop, et augmenter la graine d'un tiers, à proportion de l'eau-de-vie. Pour la même quantité en liqueur sèche, il faut se conformer à la recette de fenouil, quant au sirop et à l'eau-de-vie, et mettre un demi-litron de genièvre.

Recette pour six pintes d'eau de céleri commune. — Piler deux gros de grains de céleri, que l'on distillera avec trois pintes d'eau-de-vie. Pour le sirop, faire fondre une livre de sucre dans trois pintes d'eau.

Recette pour six pintes de cette liqueur fine et sèche. — Sur quatre pintes d'eau-de-vie, l'on mettra deux pintes d'eau, deux livres et demie de sucre, et trois gros de graines de céleri pilées.

Recette pour six pintes d'eau de persicot. — Distiller trois pintes et chopine d'eau-de-vie,

3

avec une demi-once de graines de persil pilées ; faire fondre une livre de sucre dans
trois pintes et demie d'eau.

*Recette pour six pintes d'eau des sept
graines.* — Employer trois pintes et chopine
d'eau-de-vie, six gros d'anis, six gros de fenouil, une demi-once de coriandre, deux gros
d'angélique, deux gros de graines de carote,
une demi-once de carvi, une demi-once de
chervis, et distiller le tout avec trois demi-
setiers d'eau.

Eau de café-liqueur. — Pour que cette
liqueur soit bonne, il est nécessaire d'employer le café du Levant, ou celui de Moka,
le brûler comme pour la teinture de café ;
on mettra dans l'alambic la quantité qui sera
indiquée dans la recette, avec de l'eau-de-
vie, pour en tirer les esprits ; faire fondre le
sucre dans de l'eau fraîche pour former le
sirop que l'on mélangera avec les esprits qui
auront été extraits ; l'on passera le tout à la
chaussse ; et quand cette liqueur sera clarifiée,
elle sera parfaite. On peut même la boire
aussitôt ; car, en vieillissant, elle n'acquiert
aucune qualité.

Recette pour six pintes d'eau de café. —
Employer une once de café roti et moulu,

trois pintes et demi-sétier d'eau-de-vie , et une chopine d'eau ; passer le tout à l'alambic. Pour le sirop , l'on fera fondre cinq quarterons de sucre dans trois pintes et demi-setier d'eau.

Recette pour six pintes d'eau de café fine et sèche. — Employer une once et demie de café roti et moulu , quatre pintes d'eau-de-vie , et une chopine d'eau ; passer le tout à l'alambic : avoir soin de distiller avec un feu bien tempéré ; car le café est sujet à monter. Pour le sirop , l'on fera fondre quatre livres de sucre dans deux pintes et demie d'eau.

Du chocolat en liqueur. — Faire rotir de la vanille et du cacao, comme pour le chocolat ; broyer ensuite le cacao ; mettre l'un et l'autre dans l'alambic , avec de l'eau et de l'eau-de-vie ; distiller à feu ordinaire , et ne point tirer de flegme. Pour le sirop , faire fondre du sucre dans de l'eau fraîche ; passer la liqueur à la chausse , pour la clarifier.

Recette pour l'eau de chocolat simple. — Prendre deux onces de cacao , deux gros de vanille , trois pintes et demi-setier d'eau-de-vie ; une livre et demie de sucre , et deux pintes et demi-setier d'eau , pour le sirop.

Recette pour la même liqueur double. — Prendre une once et demie de cacao , trois gros de vanille , quatre pintes d'eau-de-vie ; quatre livres de sucre , et deux pintes et chopine d'eau pour le sirop.

De l'eau d'or. — Pour composer cette eau, on fait usage ; 1.° de citron parfaitement mûr, dont on coupe avec précision les zests , afin de n'en point altérer le blanc ; 2.° de canelle et de coriandre pilées. On distille le tout sur un feu tempéré , et l'on tire les esprits avec un peu de flegme. L'on fait fondre du sucre dans de l'eau fraîche , pour former le sirop que l'on mêle de suite avec les esprits ; alors, l'on y verse lentement un caramel , jusqu'à ce que la liqueur ait la vraie nuance que l'on desire lui donner. (Voyez l'article de la couleur jaune) On passe ensuite cette liqueur à la chausse. L'on observe qu'il faut une feuille d'or pour chaque pinte de liqueur. Pour dissoudre ces feuilles d'or , on les introduit dans une petite bouteille longue , avec un peu de liqueur. On agite cette bouteille jusqu'à ce que ces feuilles soient aussi menues qu'une lentille ; et l'on verse de cette eau dans chaque bouteille que l'on remplit ensuite.

Recette pour six pintes d'eau d'or. — Prendre trois citrons ordinaires, un gros de coriandre, deux gros de canelle, trois pintes et chopine d'eau-de-vie , et une chopine d'eau. Pour le sirop, une livre un quart de sucre , et trois pintes et demi-setier d'eau.

Recette pour six pintes d'eau d'argent. — Prendre les zests de trois citrons ordinaires , un gros d'angélique pilé, avec huit clous de girofle ; distiller avec trois pintes et demi-setier d'eau-de-vie , et une chopine d'eau ; tirer un peu de flegme avec les esprits : employer des feuilles d'argent , en se conformant à l'article précédent.

Recette de l'eau de noyau. — Pour vingt pintes de cette liqueur , employer dix pintes d'eau-de-vie , quatre livres de sucre , dix pintes d'eau, , et une livre d'amandes amères.

Recette pour l'eau d'abricots. — Cette recette n'est pas bornée. En supposant que , d'une livre de sirop , on veuille avoir deux pintes d'eau d'abricots, on verse cette livre de sirop dans une pinte que l'on remplit d'eau ; on y ajoute, en plus , le poisson d'eau qui sert à rincer la pinte, après avoir vidé la liqueur qu'elle contenait ; une pinte d'eau-de-vie , et huit amandes ou noyaux pilés : lorsque le tout est mélangé , il faut attendre que la liqueur ait déposé ; alors l'on peut colorer , et même

la passer à la chausse, si elle n'était pas suffisamment clarifiée.

Recette de l'eau de mille-fleurs. — Prendre
trois citrons moyens; une demi-once d'angélique, un gros de macis, trois pintes et demi-
setier d'eau-de-vie, et une chopine d'eau;
mettre le tout dans l'alambic. Pour le sirop,
une livre de sucre et trois pintes d'eau. Quant
à la teinture, voir l'article relatif aux couleurs
rouges et violettes.

Recette de l'eau cordiale de jasmin. —
Prendre trois pintes et demi – setier d'eau-de-
vie, six onces de jasmin d'Espagne, trois
goutes de quintessence de cédrat, deux gros de
coriandre; mettre le tout dans l'alambic. Pour
le sirop, une livre et demie de sucre, et trois
pintes d'eau.

Recette de l'eau cordiale de Montpellier.
— Employer trois pintes et chopine d'eau-de-
vie, les zests d'une bergamote, ou 25 goutes
de quintessence de ce fruit; deux gros de macis, deux gros de clous de girofle, et une chopine d'eau. Pour le sirop, cinq quarterons de
sucre, et trois pintes et demi-setier d'eau.

Recette pour l'eau de pucélle. — Prendre
deux onces de genièvre, une demi-once d'angélique, pilés; un demi – poisson de bonne

eau de fleurs d'orange , trois pintes et demi-setier d'eau-de-vie , et une chopine d'eau ; mettre le tout dans l'alambic. Pour le sirop , cinq quarterons de sucre , et trois pintes et demi-setier d'eau.

Recette pour l'eau divine commune. — Prendre soixante goutes de néroli de fleurs d'orange , une once de coriandre, et une petite mucade ; distiller avec trois pintes et demi-setier d'eau-de-vie. Pour le sirop , cinq quarterons de sucre , et trois pintes et demi-setier d'eau.

Recette de l'eau-divine double. —Prendre quatre-vingt-dix goutes de néroli , une once et demie de coriandre, une muscade ordinaire , et distiller avec trois pintes d'eau-de-vie et une chopine d'eau. Pour le sirop , trois livres de sucre et deux pintes d'eau.

Recette pour trois pintes d'eau du père-André. — Employer l'eau d'une demi-livre de rose, cinquante lis , deux onces de fleurs d'orange ; distiller avec trois pintes et chopine d'eau-de-vie. L'eau qui sortira de cette recette sera assez forte en odeur , pour en faire de la fine double. Pour le sirop de l'eau commune , faire fondre une livre de sucre dans cette eau aux fleurs, avec l'esprit-de-vin de trois pintes et demi-setier d'eau-devie.

Recette pour l'eau du père Barnaba. — Prendre deux onces d'angélique, une demi-once de canelle pilées et deux gros de racine d'iris coupée par petits morceaux ; distiller avec trois pintes et demi-setier d'eau-de-vie, et une chopine d'eau. Pour le sirop, une livre un quart de sucre, et trois pintes et demi-setier d'eau.

Recette pour six pintes d'eau fine de cédrat. — Prendre les zests de deux cédrats moyens ; distiller avec quatre pintes d'eau-de-vie, et une chopine d'eau. Pour le sirop, quatre livres de sucre, deux pintes, chopine et poisson d'eau. Si l'on emploie de la quintessence, au lieu de fruit, on en mettra 68 goutes dans l'alambic.

Recette pour cinq pintes d'eau de cédrat fine et sèche. — Prendre les zests de trois cédrats moyens, distiller avec quatre pintes d'eau-de-vie, et une chopine d'eau. Pour le sirop, deux livres de sucre et deux pintes d'eau. Si l'on emploie la quintessence, on en mettra quatre-vingt goutes dans l'alambic.

Du parfait amour. — Cette liqueur est absolument la même que celle du cédrat ; il n'y a de différence que dans la couleur. (Voir l'article des nuances.

De l'eau des quatre fruits. — Cette liqueur est composée de cédrat, bergamote, citron et orange ; comme l'odeur de ces fruits est plus ou moins forte, on doit y suppléer par la compensation ; c'est-à-dire, pour un beau cédrat, il faut une petite bergamote, deux citrons moyens, et deux oranges de Portugal.

Pour fabriquer cette liqueur, on met les zests de ces fruits dans l'alambic, avec de l'eau-de-vie et de l'eau, que l'on distille sur un feu plus vif qu'à l'ordinaire : l'on fait fondre du sucre dans de l'eau, que l'on verse ensuite sur la liqueur distillée : après avoir mélangé le tout, on le passe à la chausse pour clarifier la liqueur.

Recette pour cinq pintes d'eau des quatre fruits, fine et double. — Employer quatre pintes d'eau-de-vie, une chopine d'eau que l'on distillera avec les fruits, tels qu'ils sont désignés dans l'article précédent. Pour le sirop, quatre livres de sucre, deux pintes, chopine et poisson d'eau.

Si l'on veut fabriquer cette liqueur avec la quintessence des fruits, l'on mettra vingt-cinq goutes de celle de cédrat, dix-huit goutes de celle de bergamote, vingt - huit de celle de citron, et trente - deux de celle d'orange de Portugal.

Recette pour six pintes d'eau des quatre épices - liqueur. — Prendre six gros de canelle, deux gros de macis, un gros de clous de girofle, une belle muscade, et distiller avec quatre pintes d'eau-de-vie et une chopine d'eau. Pour le sirop, on fera fondre trois livres et demie de beau sucre dans de l'eau chaude; et, pour engraisser la chausse, on y ajoutera une demi-livre de cassonade.

Recette pour six pintes d'eau des quatre graines. — Prendre une once et deux gros de fenouil, autant de coriandre, une demi-once d'angélique, une once d'anette, et distiller avec quatre pintes d'eau de-vie et trois demi-setiers d'eau. Pour le sirop, quatre livres de sucre, et deux pintes et chopine d'eau.

Recette pour six pintes d'eau des quatre fleurs fine. — Prendre deux onces de fleurs d'orange, six onces de jasmin d'Espagne, quatre onces d'œillets, et distiller avec quatre pintes d'eau-de - vie et une chopine d'eau. Pour le sirop, quatre livres de sucre, et deux pintes et chopine d'eau.

Si l'on veut nuancer cette liqueur en rouge ou en jaune, on tirera les couleurs des fleurs par infusion, ou l'on aura recours à l'article des couleurs.

Recette de sept pintes d'eau romaine en liqueur. — Prendre les zests de six beaux citrons, un gros de macis pilé, et distiller avec quatre pintes d'eau-de-vie, et une chopine d'eau. Pour le sirop, deux livres trois quarts de sucre, et trois pintes d'eau. Colorer cette liqueur en cramoisi, de même que le parfait amour : (voir l'article des couleurs.)

La même recette peut servir pour fabriquer la favorite de florence : la différence n'existe que dans la couleur qu'il ne faut pas donner à cette dernière.

Recette pour six pintes de rossolis de turin. — Prendre quatre onces de roses musquées, quatre onces de fleurs d'orange, quatre onces de lis, quatre de jasmin, une demi-once de canelle, un demi-gros de clous de girofle, et quatre pintes et chopine d'eau ; distiller sur un feu un peu vif : l'on mettra dans cette eau distillée deux livres trois quarts de sucre ; lorsqu'il sera fondu, on y ajoutera quatre pintes d'eau-de-vie, ou trois pintes et demi-setier d'esprit-de-vin ; l'on colorera ensuite la liqueur qui doit être d'un rouge cramoisi, (avoir recours à l'article des teintures de fleurs) et l'on passera cette liqueur à la chausse. Pour la rendre claire fine, on peut employer de la cassonade, au lieu de sucre.

Recette pour cinq pintes d'eau nuptiale. — Prendre une once de graines d'anis, une once de graines de chervis, une demi-once de graines de carote, un gros de muscade, trente goutes de quintessence de cédrat, quatre pintes d'eau-de-vie, et une chopine d'eau ; passer le tout à l'alambic. Pour le sirop, on emploiera quatre livres de sucre et une chopine d'eau ; ensuite l'on colorera.

Recette pour six pintes de belles-de-nuit en liqueur double. — Prendre deux limons, ou trente goutes de quintessence de ce fruit, une belle muscade, une demi-once d'angélique, autant de chervis ; piler les grains et la muscade ; distiller avec quatre pintes d'eau-de-vie et une chopine d'eau. Pour le sirop, on emploiera quatre livres de bon sucre, et deux pintes et chopine d'eau. (Quant à la teinture, voyez l'article des couleurs.)

Recette pour six pintes de crême des barbades, liqueur double. — Mettre dans l'alambic, les zests d'un beau cédrat et les zests

de

de trois grosses oranges du Portugal, un gros
de macis, deux gros de canelle, huit clous
de girofle, quatre pintes d'eau de-vie, et une
chopine d'eau. Pour le sirop, trois livres et
demie de sucre, une demi-livre de cassonade,
et deux pintes, chopine et poisson d'eau. Lorsqu'on ne pourra se procurer ni cédrat, ni citron, l'on fera usage de trente goutes de quintessence du premier fruit, et soixante goutes
du second.

Recette de l'eau des barbades rectifiées. —
Employer quatre pintes et chopine d'eau–de–
vie, les zests de quatre beaux cédrats, et
deux gros de canelle pilée; mettre d'abord,
dans l'alambic, les zests de deux cédrats, et
deux gros de canelle; lorsque l'on aura rectifié les esprits qui auront été tirés, on mettra
dans l'alambic le restant de la recette. Prendre,
pour le sirop, une livre de sucre, et une chopine d'eau.

Recette pour l'escubac simple, au safran.
Employer quatre pintes d'eau-de-vie. Pour le
sirop, quatre livres de sucre dans trois chopines d'eau. Si l'on fait usage d'esprit-de-vin,
on fera fondre le sucre dans deux pintes d'eau
seulement. Pour la teinture, prendre trois gros
de safran de France, et une chopine d'eau

bouillante. S'il arrivait que la liqueur ne fût pas assez colorée, on pourra y suppléer en y mettant un peu de caramel.

Recette du véritable escubac. — Mettre dans l'alambic quatre pintes d'eau-de-vie, une chopine d'eau, trois gros de safran, dix goutes de chaque quintessence de cédrat, bergamote, orange de Portugal, et limon; un demi-gros de vanille, huit clous de girofle, un gros de macis, un gros de graines d'angélique, un demi-gros de coriandre, un demi-gros de graines de chervis, le tout pilé; distiller sur un feu tempéré, et ne point tirer de flegme. Pour le sirop, employer quatre livres de sucre et deux pintes d'eau. Pour la teinture, une demi-once de safran, avec une chopine d'eau bouillante.

Recette pour l'escubac blanc superfin. — Employer sept gros de safran; quant au reste, se conformer à la recette précédente, à l'exception de la teinture qui devient inutile.

Recette pour l'escubac d'Irlande. — Mettre dans l'alambic quatre pintes d'eau-de-vie de grains, la plus spiritueuse qu'il sera possible de se procurer, avec une chopine d'eau. L'on emploiera d'abord quatre gros de safran, dix goutes de quintessence de cédrat, dix de bergamote, dix d'orange de Portugal, et dix de celle de limette ; une demi-once de canelle, un demi-gros de vanille, un gros de macis, huit clous de girofle, un gros de graines d'angélique, un demi-gros de graines de coriandre, un demi-gros de graines de chervis, le tout bien pilé ; distiller cette recette sur un feu tempéré. Pour le sirop, employer trois livres de sucre, et une pinte d'eau. Pour la teinture, quatre gros de safran, et une chopine d'eau bouillante.

Recette pour l'escubac d'Irlande blanc superfin. — Se conformer à la précédente ; on fera fondre le sucre dans trois chopines d'eau ; mettre le tout dans l'alambic, c'est-à-dire, une once.

Recette pour quatre pintes d'huile de vénus. — Mettre dans l'alambic une once de carvi, une once de chervis, une once de docus-creticus, deux gros de macis, le tout pilé ; quatre pintes d'eau-de-vie, et une chopine d'eau. Pour le sirop, employer quatre livres et demie de sucre, et une pinte d'eau bouillante. Pour la teinture, un demi-setier d'eau bouillante, dans laquelle on fera infuser deux gros de safran, et le presser jusqu'à ce que l'on en ait extrait la couleur. En versant cette teinture

K 2

dans la liqueur, on aura soin de n'en mettre que ce qui est nécessaire pour lui donner la nuance d'huile.

Des eaux-de-vie d'Andaye et de Dantzick. — Ces eaux-de-vie se font avec du vin blanc ; il en faut à-peu-près quatre pintes pour fournir une bouteille d'eau-de-vie. En conséquence, si l'on veut avoir huit pintes d'eau-de-vie, il faut mettre dans l'alambic trente-deux pintes d'excellent vin blanc. Pour parfumer cette eau-de-vie, on emploiera le double de matière que pour les liqueurs ordinaires.

Manière de fabriquer des eaux d'odeur sans alambic. — Prendre de l'esprit-de-vin bien rectifié, à volonté, avec les quintessences d'ambre, de musc, de civette, de cédrat, de bergamote, de citron, d'orange, de toutes celles d'épices, et de fleurs. L'on aura soin de faire dissoudre, dans l'esprit-de-vin, quelques goutes de quintessence de l'odeur que l'on desire, de bien boucher la bouteille ou la fiole qui la contiendra, et de la couvrir en parchemin. Si l'on veut en avoir de plusieurs espèces, on mettra des étiquettes sur les bouteilles, afin de ne pas se tromper.

Du sirop capillaire. — Choisir du capillaire de Montpellier, ou du Canada ; le faire bouillir avec de l'eau, dans une poêle, jusqu'à ce que la décoction soit bien ambrée : quand cette plante sera suffisamment infusée et qu'elle ira naturellement au fond de l'eau, l'on passera cette décoction dans un tamis ; on laissera égouter le capillaire, et l'on nettoiera la poêle : l'on mettra le sucre ou la cassonade dans l'eau qui aura servi à infuser le capillaire ; on la fera chauffer, et on la remuera jusqu'à ce que le sucre soit fondu. L'on prendra des blancs-d'œufs que l'on mélangera avec de l'eau fraîche ; on les battra avec des branches d'osier pour les faire mousser ; l'on en jetera une partie dans l'eau sucrée, étant bouillante, et l'on attendra que l'écume monte et s'attache à ces blancs-d'œufs ; alors l'on écumera, et l'on versera encore de ces blancs-d'œufs jusqu'à ce que le sirop soit parfaitement clarifié : on le laissera bouillir pour qu'il prenne du corps : il approche de sa perfection quand un petit feu le fait gonfler. On passera ensuite ce sirop par le tamis ; et lorsqu'il sera froid, on le mettra en bouteille.

Recette pour trois pintes de sirop capillaire. — Prendre deux onces de capillaire, quatre pintes d'eau ; six livres de sucre ou de cassonade, trois œufs pour le sucre, et six pour la cassonade.

Sirop d'orgeat. — Prendre deux onces d'a-mandes amères pour chaque livre d'amandes douces, les mettre dans une terrine, et verser de l'eau bouillante par-dessus, afin de les dé-pouiller plus facilement; étant dépouillées, les jeter à mesure dans l'eau fraîche; les retirer de cette eau pour les piler dans un mortier, et les passer ensuite sur une pierre bien unie, les broyer de nouveau avec un rouleau de bois, en y jetant de temps en temps un peu d'eau, comme pour faire la pâte, crainte que les amandes ne tournent en huile. Quand cette pâte sera formée, on la délayera dans de l'eau, et on la passera par l'étamine, en pressant for-tement pour en exprimer la substance. Comme il pourrait rester encore du lait dans cette pâte, on la délayera de nouveau dans de l'autre eau, et l'on recommencera une troisième fois, s'il est nécessaire. L'on fera ensuite le sirop à l'eau simple, avec le sucre, et on le ré-duira au point, qu'il se cristallise, et soit prêt à candir; alors l'on mettra le lait d'amandes, et on le laissera bouillir, en ayant soin de le remuer. Quand l'on s'apercevra que le sirop sera assez épais, le retirer du feu, et par intervalle, le remuer, afin d'empêcher que l'orgeat ne monte par trop. Quand il sera froid, le mettre en bouteille, avec la précaution de le remuer encore. Si l'on desire qne ce sirop ait l'odeur de la fleur d'orange, on en mettra dans le lait d'amandes, ou telle autre odeur dont on voudra que ce sirop soit parfumé.

Recette pour quatre pintes de sirop d'orgeat. — Employer sept livres de sucre, une livre d'amandes douces, deux onces d'amandes amères, ou quatre onces de noyaux d'abricots de l'année, parce qu'elles sont moins amères.

Du sirop de limon. — Pour le fabriquer, on coupe les zests de limons, ou de citrons, au défaut du premier ; on les fait bouillir, et on passe cette décoction au tamis. L'on formera le sirop avec l'eau où les zests auront bouilli : il faut que ce sirop soit prêt à candire ; pendant qu'il cuira, l'on pressera les limons pour en extraire le jus que l'on passera à la chausse pour le clarifier. Quand le sirop aura atteint son degré de perfection, on le retirera du feu, on y versera doucement le jus, et l'on aura soin de remuer : on laissera refroidir ce sirop, et on le mettra en bouteille.

Recette pour quatre pintes de sirop de limon. — Employer les zests de ce fruit, avec quatre pintes et chopine d'eau, sept livres de sucre. Le sirop étant prêt à candir, on y versera une pinte de jus de limon ou de citron.

Du sirop de groseilles. — Prendre des groseilles, dans le fort de la saison, qui soient parfaitement mures, en ôter les grappes, les écraser, et les presser dans un linge blanc et fort, pour en exprimer le jus, et le passer à la chausse; après avoir été clarifié, on y ajoutera une égale quantité d'eau; l'on fera fondre du sucre dans de l'eau que l'on y versera ensuite. Si l'on fait usage de cassonade, on fera le sirop à l'eau simple, et on le clarifiera avant d'y mettre le jus sans mélange d'eau; il formera une nouvelle écume que l'on enlevera et que l'on déposera dans un tamis, et l'on versera les égoutures de cette écume dans le sirop que l'on fera cuire à son point; ensuite on le retirera du feu; quand il sera refroidi, on le mettra en bouteille.

Recette pour quatre pintes de sirop de groseilles. — Employer sept livres de sucre, deux pintes et demie d'eau, deux pintes de jus de groseilles; clarifier ce sirop avec des blancs-d'œufs, etc.

Du sirop de violette. — Ce sirop est particulier par sa façon et par sa couleur qui est d'un beau violet foncé : il conserve la suavité de son odeur, et on s'en sert pour plusieurs remèdes. Pour fabriquer ce sirop, il faut employer la violette simple qui croît au commencement du printems, car la double n'est d'usage que pour en extraire la couleur; la cueillir par le temps le plus chaud de la saison ; l'éplucher, ôter la verdure, et faire infuser les feuilles de cette fleur dans un pot, avec un peu d'eau, sur la cendre chaude, et la tamiser ensuite : il ne faut pas que cette infusion bouille, car elle perdrait sa nuance. L'on fera cuire le sirop au point qu'il soit prêt à candir, alors on le retirera du feu, et on le passera dans un tamis que l'on aura soin de placer sur le bassin contenant l'infusion, et l'on remuera à mesure, afin de lier ce mélange ; et, lorsqu'il sera froid, on le mettra en bouteille.

Recette pour quatre pintes de sirop de violette. — Employer sept livres de sucre, quatre pintes d'eau, deux livres de fleurs de violettes qui ne doivent fournir qu'une pinte de décoction, et trois ou quatre blancs-d'œufs pour clarifier le sirop.

L

En lisant attentivement cette brochure, on y trouvera les vrais moyens de fabriquer des sirops de toute espèce. Celui d'orgeat peut servir de base pour les sirops de fruits à coque, de graines et semences froides ; celui de capillaire, pour ceux de tous les vulnéraires : celui de groseilles, pour les fruits rouges, tels que mûres, griotes, grenades, etc. Le sirop de limon indique la manière da travailler les fruits à écorce, comme bigarade, bergamote, cédrat, orange de Portugal, etc.

Manière de fabriquer le vinaigre, sans faire usage de pepins de coloquinte, poivre-long, etc. — Verser trente pintes de vinaigre d'Orléans, bonne qualité, dans un tonneau placé dans un endroit chaud, susceptible de contenir un poêle pendant l'hiver ; percer à la partie supérieure du fond de cette pièce, un trou propre à y recevoir un entonnoir par lequel on introduira tous les jours douze pintes de vin de lie ou autres, par degré, jusqu'aux trois quarts.

Lorsque le vinaigre aura atteint sa vertu naturelle, on en pourra retirer 60 pintes, et les verser dans une nouvelle pièce, en remplissant la première par une quantité de vin égale à celle du vinaigre qui aura été extrait ; ainsi de suite, selon le nombre de pièces de vinaigre que l'on voudra se procurer.

---

(1) *Note indiquée à la page 42.*

Pour fabriquer cette colle, prendre un bâton de colle de poisson très-blanche et transparente, du poids d'une once ; la casser par morceaux, la faire tremper vingt - quatre heures dans un vase rempli d'eau ; la retirer ensuite, en former des boules avec la main, et la délayer avec de l'eau, ou du vin blanc, si on veut la conserver. L'on peut en faire quatre à cinq bouteilles que l'on aura soin de bien boucher. Quand l'on voudra s'en servir, on versera une de ces bouteilles dans un vase quelconque ; on battra cette colle avec un petit ballet, pour la faire mousser ; et quand elle sera introduite dans le tonneau, l'on remuera le tout avec un bâton : alors l'on aura du vin clair fin, s'il a été soutiré de sa grosse lie ; dans le cas contraire, il faudrait le faire, ainsi qu'au vin rouge, avant de coller. L'on serait obligé de soutirer et coller une seconde fois, si, par la première, il n'avait pas été assez clarifié, en observant toute fois que le vin rouge se colle avec des blancs-d'œufs, comme il a été dit.

F I N.

TABLE DES MATIERES.